寺西貞弘

日本史の中の和歌浦

塙選書121

目次

はじめに

和歌浦は、『万葉集』に詠われた名勝である。『正史』によると、聖武天皇・称徳天皇・桓武天皇の三人の天皇が、都から多くの貴族を従えて行幸《ぎょうこう》に訪れた地である。そのためであろうが、古代以来著名な人物が、和歌浦を訪れたり、和歌浦に思いを寄せたりしたことを、多くの史料によって確認することができる。

そして、このようなことが主な要因となって、平成二十二年（二〇一〇）八月に、和歌浦は国の名勝に指定された。「和歌浦は、結構有名なのだ」と思う人は、私一人ではないだろう。しかし、長い歴史の中で、なぜその人が、なぜその時に、和歌浦と関わったのだろうか。このようなことを考える人は少ないかもしれない。

歴史上著名なその人は、まったくの偶然として和歌浦に関わったのだろうか。もし、偶然的に和歌浦に関わったというならば、その偶然からどのようなことが生まれたのだろうか。また、その人が和歌浦に必然的に関わったとしたならば、その人は何を目論んで和歌浦と関わったのだろうか。

天下統一を果たした豊臣秀吉が、和歌浦を訪れたとする史料がある。秀吉の華々しい生涯の中で、彼の和歌浦遊覧は、取るに足らないたった一コマに過ぎないのかもしれない。しかし、秀吉は、なにゆえに天正十三年（一五八五）という時に、しかも天下統一途上の戦乱のさなかに、和歌浦を訪れたのであろうか。秀吉にとって、その時和歌浦を遊覧することに、どのような意味があったのだろうか。

本書は、このような視点から、和歌浦を再検討しようとするものである。すなわち、長い歴史のたった一コマとして和歌浦を捉えるのではなく、和歌浦に焦点を当てて、その背後にあるはずの歴史を語り直そうとするものである。題して『日本史の中の和歌浦』である。

Ⅰは、「古代史の中の和歌浦」である。まず、歴代天皇が和歌浦に行幸したことの意義を再検討したい。古代の天皇は、意外にも畿外の地に行幸することはまれであった。そのような状況の中で、前述のように、三人の天皇が和歌浦に行幸しているのである。このことは特筆されるべき問題であろう。では、なにゆえこれら三人の天皇は和歌浦への行幸を繰り返したのであろうか。また、和歌浦の景観をこれら天皇や従駕した貴族たちは、なにゆえ憧れたのであろうか。さらに、平安時代初期の史料から、和歌浦と対になって見られる吹上との関係をどのように整理すればよいのだろうか。Ⅰでは、このような問題を考察したい。

Ⅱは、「中世史の中の和歌浦」である。行幸が途絶え、戦乱に明け暮れた中世にあっても、和歌浦を訪れる人々を多くの史料が伝えている。寺社参詣の途次に和歌浦を訪れた貴族たちがいる。彼らは、和歌浦をどのようにとらえていたのだろうか。和歌浦にあこがれる京都の人々は、ついに洛中に和歌浦玉津島神社を勧請し、新玉津島神社を創立させる。その背景にはどのような歴史があったのだろうか。さらに、京都の歌道界にあって、和歌の名家とされる飛鳥井家の当主が、多年の宿願を果たさんがために、和歌浦の玉津島神社に参詣している。そこにはどのような事情があったのだろうか。Ⅱでは、このような問題を考察したい。

Ⅲは、「近世史の中の和歌浦」である。先述した秀吉の和歌浦遊覧には、どのような意味があったのだろうか。そして、御三家の一つとして紀伊国に配された紀州徳川家は、徳川家康を東照神君として、和歌浦に祀ることになる。その立地は、幕府や他の御三家とは異なって、城下郊外の離れた場所に位置しているのである。そのことにどのような意味があるのだろうか。さらに、五代将軍徳川綱吉の側用人として、比類のない権勢を誇った柳沢吉保が、駒込の山里に和歌浦を写した大名庭園として、六義園を築くが、それにはどのような意味があるのだろうか。Ⅲでは、このような問題を考察したい。

和歌浦は、日本史の長い時間の中で、それぞれの時代の人々に見つめられてきた。その見つめ方は、時代によって異なったのだろうか。それとも、一貫した普遍性をもっていたのだろうか。このような問題意識をもつとき、ある限られた時代の和歌浦を論じるだけでは、不十分なのではなかろうか。このような思いから、古代から近世までの和歌浦を語り直そうとすることが本書の課題でもある。

和歌浦は、本書で扱おうとする問題以外にも、多くの人々に見つめられ、語られている。それゆえに本書が、日本史の中の和歌浦を語りつくせてはいないことは、あらかじめお断りしておきたい。しかし、本書が日本史の中の和歌浦を語り始める最初の一里塚になれば、望外の喜びである。

Ⅰ　古代史の中の和歌浦

第一章　古代の行幸と和歌浦

はじめに

『国史大辞典』（吉川弘文館）によると、天皇が皇居とする宮を離れて、他所へ移動することを行幸という。古代では、『日本書紀』の記述以来、多くの行幸が記録されている。かつて、坂本太郎氏は古代の行幸を分析され、称徳天皇以前・文徳天皇以前・それ以後の三期に分類できることを提唱された（『上代駅制の研究』、至文堂、一九二八）。また、最近では鈴木景二氏が、その有する政治的意味の解明を試みておられる[1]。古代における行幸とはいかなるものであったのだろうか。もちろん、行幸が一定の形式を整えるようになるのは、律令制度が整備されて以後のことであろう。そこで、小稿では少し視点を変えて、律令制度が整備され、もっともよく機能した奈良時代を中心に考察を進めたい。その際、奈良時代の様子をほぼ包括して記述している『続日本紀』の記述に基づいて考察することとしたい。

一方、紀伊国への行幸は、『続日本紀』に数例見ることができる。中でも、二度の紀伊国和歌浦への行幸記録は、他に群を抜いて詳細に記録されている。奈良時代の行幸の全体像を整理することによって、紀伊国和歌浦への行幸が持つ意味も、浮き彫りにされるのではないだろうか。小稿は、以上のような問題意識に基づいて、奈良時代の行幸を整理し、その中に占める和歌浦行幸の意味を探ろうとするものである。

1　『続日本紀』の行幸

『続日本紀』は、大宝律令が制定される直前の文武元年（六九七）から、平安遷都直前の延暦十年（七九一）までの九五年間を記録した律令政府の官撰史書である（坂本太郎『六国史』、吉川弘文館、一九七〇）。ここに記録された行幸の数は、実に一三〇を越える。ただし、この中には、太上天皇の他所移動をも行幸としている。太上天皇の他所移動は、平安時代になると、天皇のそれと区別して「御幸《ごこう》」と呼ばれるようになる。

これらの御幸に相当する行幸を除くと、その数は一二〇回になり、この間一年間に約一・三回の割合で行幸を行っていることになる。この数は、近代の天皇の年間行幸回数と比べれば、決して多いものではないが、その後の前近代の各天皇の行幸回数に比して少ないといえるものではないだろう。

ところで、『続日本紀』に記録された一二〇回の行幸の距離的な視点を考慮してみるとどうなるだろうか。表は、一二〇回の行幸を、天皇の代ごとに数え、さらに京内・畿内・畿外の三つに分類したものである。[2]

	京内	畿内	畿外	合計
文武朝	0	7	1	8
元明朝	3	7	0	10
元正朝	0	4	2	6
聖武朝	9	18	11	38
孝謙朝	5	6	0	11
淳仁朝	4	2	1	7
称徳朝	14	5	1	20
光仁朝	7	4	0	11
桓武朝	3	6	0	9
合計	45	59	16	120
比率(%)	38	49	13	100

行幸の距離別分類表

表中の「京内」とは、平城宮の所在する平城京内を巡行するもので、行幸の中では極めて軽易なものである。また、ほとんどがその日のうちに還御《かんぎょ》している。また、「畿内」とは、摂津・河内・和泉・山城・大和の五畿内国を巡るもので、行幸目的地は副都難波宮をはじめとするゆかりの離宮などが中心である。これらは、比較的軽易な行幸と理解することができるであろう。これらに対して、「畿外」は、大和朝廷の発祥地を包む畿内の外への行幸であり、その移動距離もさることながら、規模においては随行人員・所要日数ともに前二者とは比較にならないものである。

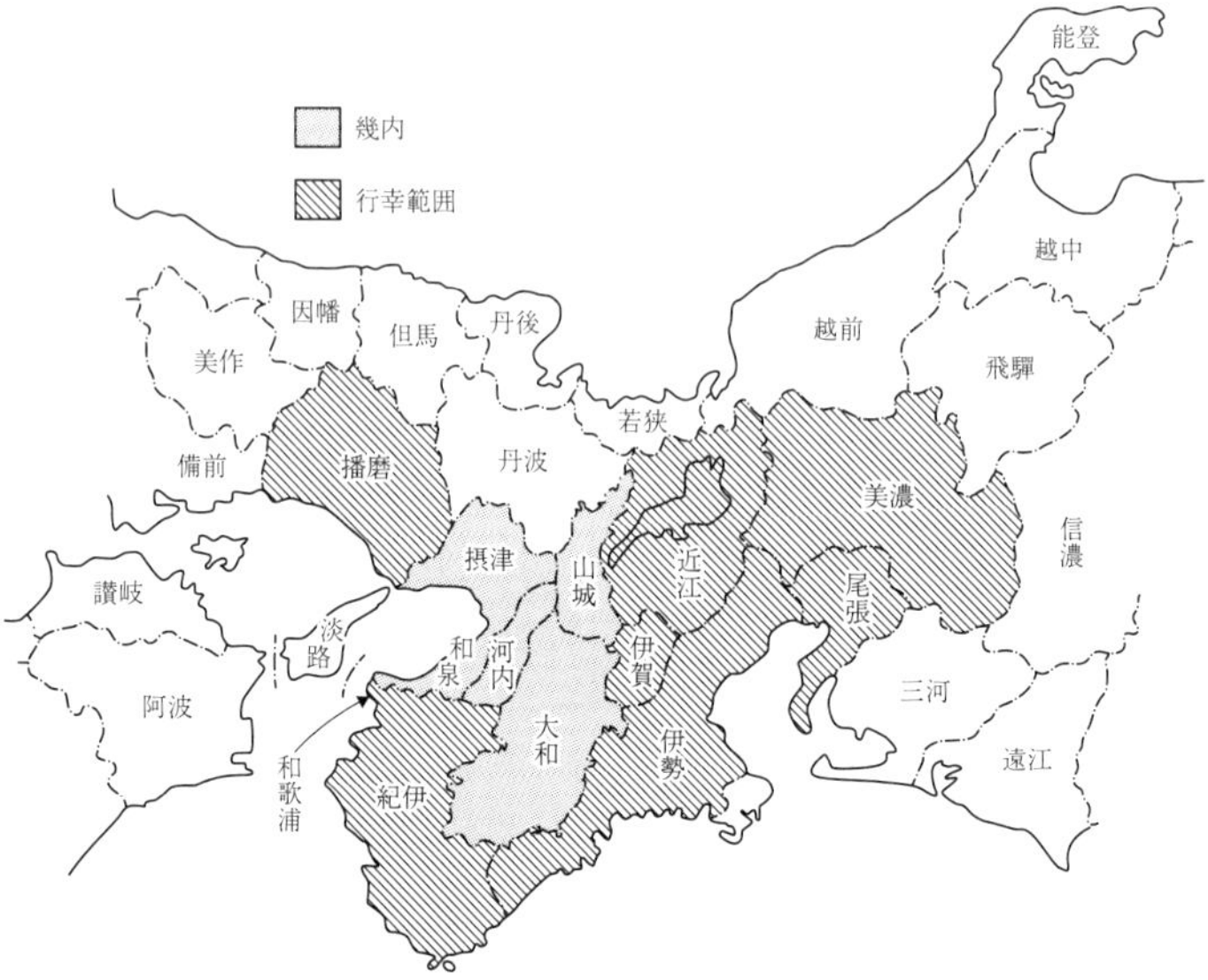

行幸のあった地域

この表を見てわかるように、畿外への行幸はわずか一六例しかないのである。これはほぼ六年に一回の割合になる。また、『続日本紀』に記録された天皇は、文武から桓武までの九人であるから、畿外行幸は単純に言えば一代一回ないしは二回の盛儀であったといえるだろう。なお、表中、桓武天皇の畿外行幸が皆無となっているが、これは『続日本紀』によったためである。この後『日本後紀』によると、延暦二十三年十月十一日から紀伊国「玉出島」に行幸していることは、留意するべきであろう。

ただし、畿外行幸は聖武までの奈

良時代前半に集中しており、後半においては在位中に一度も畿外の地を踏むことの無かった天皇もいたことになるのである。これは、奈良時代中期以後、国家財政が窮迫することと大いに関係があると思われるが、奈良時代の天皇の畿外行幸がいかに少なかったかを理解することができるだろう。そこで、これらの畿外行幸を列記すると次のようになる。

①　大宝元年九月一八日　紀伊国武漏温泉行幸、一〇月一九日還御、
②　養老元年九月一一日　美濃国行幸、近江国を経て九月二八日還御、
③　養老二年二月七日　美濃国養老醴泉行幸、尾張・伊勢・伊賀を経て九月二八日還御、
④　神亀元年一〇月五日　紀伊国和歌浦行幸、二三日難波宮に還御、
⑤　神亀三年一〇月二九日　播磨国印南野行幸、二九日還御、
⑥　天平一二年一〇月二九日　伊勢・伊賀・美濃・近江を経て、恭仁宮に至り、この宮を造る、
⑦　天平一四年八月一一日　紫香楽造宮のため、石原宮に行幸、九月四日還御、
⑧　天平一四年一二月二九日　紫香楽宮行幸、一五年正月二日還御、
⑨　天平一五年四月三日　紫香楽宮行幸、一六日還御、
⑩　天平一五年七月二六日　紫香楽宮行幸、
⑪　天平一五年一〇月一九日　紫香楽宮行幸、一一月二日恭仁宮に還御、

⑫　天平一六年二月二四日　紫香楽宮行幸、
⑬　天平一六年一一月一三日　甲賀寺行幸、
⑭　天平一七年四月一一日　大丘野行幸、
⑮　天平宝字五年一〇月一三日　保良宮行幸、
⑯　天平神護元年一〇月一三日　紀伊国和歌浦行幸、二六日和泉国深日行宮に至る、

これら畿外行幸の内、⑥〜⑫の七件は、藤原広嗣の乱に端を発する聖武天皇の宮都彷徨であり、⑬・⑭は、東大寺大仏建立に関わるものである。また、⑮は淳仁天皇の保良宮《ほらのみや》遷都に伴うものである。すなわち、これらは天皇が他所移動をせざるを得ない事情に迫られての行幸であり、純然たる行楽ではなかったといえよう。

そこで、いまこれらの一〇例を除くと、天皇が畿外へ行楽したのは、わずかに六例となるのである。そのうち三例が紀伊国に集中しており、美濃国が二例、播磨国が一例となる。このように見ると、奈良時代の行幸史上に占める紀伊国の特殊な地位が歴然としてくるのである。

この行動範囲を見てわかることは、奈良時代の天皇にとって、一代一回の盛儀ともいうべき畿外行幸の範囲が、いずれも『延喜式』に定める「近国」であり、畿内に隣接する地域、もしくはきわめて近傍の地域に限られているということである。このことは、奈良時代の畿

外行幸が、極めて少なかったことに加えて、このころの天皇がいかに移動しなかったかを物語るものである。

2　行幸と負担

これまで、奈良時代の畿外行幸がきわめて少なく、その移動距離もきわめて短いものであったという事実を確認してきた。もちろん、倭王武が中国南朝宋の順帝に奉呈した国書によると、初期の日本の支配者たちは、国土を統一するために、縦横に移動したことが述べられている。それにもかかわらず、奈良時代の天皇は、ほとんど移動することがなかったのである。これは何によるものであろうか。しばらくこのことについて考えてみよう。

古代の行幸を考えるうえで、『日本書紀』持統六年（六九二）二月二十一日条に、次のような興味ある記述がある。

二月の丁酉の朔丁未に、諸官に詔して曰はく、当に三月三日を以て、伊勢に幸さむ、宜しく此意を知りて、諸の衣物を備ふべし、（中略）乙卯に、（中略）是日に中納言直大弐三輪朝臣高市麻呂、表を上りて敢直言して、天皇の伊勢に幸さむとして、農事を妨げたまふことを諫《あは》め争《いさ》めまつる

これによると、持統天皇が来る三月三日に伊勢に行幸することを発表したところ、中納言

直大弐三輪朝臣高市麻呂が、その行幸が農事を妨げるものとして諫めたことになっている。三月三日といえば、新暦に換算するとおよそ四月の初めに当たるだろう。田植準備にかかりつつある時期であろうが、農繁期の真っ最中というほどの時期といえるだろうか。この点についてややこの記述に疑問が残る。事実、『続日本紀』には、移動距離が短いながらも、三月期の行幸が九例記録されている。

しかし、この中納言三輪朝臣高市麻呂の諫言は、その後も語り継がれており、かなり有名なものであったらしい。このことは、『日本国現報善悪霊異記』上巻第二十五話の「忠臣欲小なく足るを知りて諸天に感ぜられ報を得て奇事を示す縁」という説話の素材として扱われていることからもわかるであろう。これらのことから、行幸の可否を農事によって云々することは別として、中納言三輪朝臣高市麻呂が、畿外への行幸をしようとする天皇を諫めたことは、ほぼ事実として認めてもよいであろう。それでは、中納言三輪朝臣高市麻呂は、いかなる理由があって天皇の行幸計画に異議をさしはさんだのであろうか。

『日本書紀』朱鳥元年（六八六）七月四日条によると、天武天皇の病臥のためであろうと思われるが、「壬寅に、天下の調を半ば減ず、仍て悉く傜役を免ず」という措置が取られている。「傜」は令制下の「雑傜」であり、地方国衙《こくが》に年間六〇日の労働を提供するものである。この「雑傜」による恒常的な搾取が、律令農民を疲弊に陥れたといっても過言ではないだろう。ところで、この『日本書紀』の「徭」に対する古訓が、「みゆき」となっていることに注目し、薗田香融氏は「徭」の本来的な意味を、行幸の受け入れに対する人民の労働提供であったとし、それが恒常化し、制度化されたものが、「雑徭」であったとされた(3)。これによるならば行幸こそは、まさしく律令農民を疲弊に陥れる最たるものであると認識されていたであろうし、農事を理由にするまでもなく、中納言三輪朝臣高市麻呂の諫言は、的を射たものであるといえるだろう。

人民の経済的な負担もさることながら、天皇の行幸は軍事的な準備を伴うものでもあったと思われる。『続日本紀』天平神護元年（七六五）十月二日条には、十三日からの紀伊国和歌浦行幸に先立って、「庚申に、使を遣わし、三関を固く守らしむ」という措置を取っている。「固守三関」は、藤原仲麻呂の謀反の際に行われており、これが天皇の他所移動中の謀反に備える措置であったことは明らかだろう。

事実、斉明天皇が紀伊国に行幸している最中に有間皇子の謀反が発覚しているのである（『日本書紀』斉明天皇四年十月条）。有間皇子に謀反の意志があったか否かという点は別として、天皇が留守中の宮都がいかに政情不安なものであり、軍事的緊張を催すものであったかを、これによっても知ることが出来るだろう。

ただし、この「固守三関」の措置は、他の畿外行幸の際には記録されてはいない。しかし、この「三関」の設置時期が、奈良時代のはるか以前の天智朝のことであり、近江大津京を中心に設けられていることを考え合わせれば、[4] 記録には見えないものの、天智朝以後少なくとも畿外行幸の際には必ず講じられていた措置であると考えてよいだろう。

以上のように、人民に対する過酷な負担に加え、軍事的な動揺をきたす恐れのある行幸は、中納言三輪朝臣高市麻呂の諫言にあるように、慎まなくてはならない行為であったといえるだろう。しかし、大化改新後の斉明天皇の紀伊行幸のように、律令制度が未だ脆弱な時期に行われた行幸よりも、「浄御原令」が制定され、未熟とはいえ古代国家の体制が整えられつつある時期において、持統天皇の行幸が、中納言に非難され、しかもそれ以後大宝律令の制定後においても畿外行幸が稀有なものとなるのは、どのような意味を有しているのであろうか。

天武・持統朝は、急速に律令諸制度の整備されていく時期である。冠位・位階制度を細分化し、皇親層がこの中に組み入れられたことは、[5] 官僚機構の膨張と、それに支えられた天皇権力の高揚を物語るものであろう。このため、天武朝に「納言」と呼称されていたものが、持統朝になると三輪朝臣高市麻呂の「中納言」という肩書きを見てわかるように、大・中・少の分化が確認できるのである。

このように膨張した官僚機構を制御するために、様々な制約が儀礼として導入されたので

ある。それは、行幸の際にももちろん機能するものであった。「宮衛令《ぐえいりょう》」の車駕行幸条によると、

凡そ車駕行幸せむには、即ち諸門を閉てよ、便に随ひて理門を開け、其れ留守の人は、各理門より出入せよ、並に駕還り杖至らむとき乃ち開け

とあり、行幸中は、中央政府の諸門は、固く閉ざされることとなっていたのである。これは、天皇親政を原則とする律令体制の下で、天皇の他所移動中に、政治が稼動するはずがないという建前から生れたものであろう。また、「儀制令《ぎせいりょう》」の車駕巡幸条にも次のような規定がある。

凡そ車駕巡幸せむ、百官の五位以上辞迎せよ、留守の者は、辞迎の限りに在ず、若し宿経ずは、此の令を用ゐじ

これによると宮城で行われる行幸の送迎儀礼が記されている。天皇の宿泊を伴う行幸に際しては、ほぼ全高級官僚を動員する大々的なものであったことがわかる。これは、行幸発駕に際して、全官僚がこれから宮城を留守にする天皇に忠誠を表明する儀礼であったからだろう。このように天皇の権威を高からしめるために膨張した官僚機構を、制御するために導入された様々な儀礼は、逆に天皇の軽々しい他所移動を極めて困難なものとしたのである。

ところで、先に述べた持統天皇の伊勢行幸に際して、諫言を行った中納言三輪朝臣高市麻

呂は、その後天皇が予定通りに行幸を行ったにもかかわらず、彼が天皇の不興をかった様子がない。この後も中納言の職にとどまっており、『続日本紀』によると慶雲三年（七〇六）二月六日の卒去に際しては、従三位を贈られているのである。このように見ると彼の諫言は、天皇を翻意させることが出来なかったにせよ、理にかなった内容のものであったということが出来るだろう。しかし、私はそれ以上に彼の諫言が、『霊異記』に記述するような彼個人の発意によるものではなかったのではないかと考える。

三輪朝臣高市麻呂は、このとき中納言であった。中納言は、先にも述べたように、天武朝の納言が分化して出来た官職であろうが、大宝律令の「職員令《しきいんりょう》」では設置されず、慶雲二年三月十七日の格によって復活・再置された令外《りょうげ》の官であったことがわかる。このとき、その職について「近大納言、関機密」と述べており、その職掌が大納言のそれと近似したものであったことがわかる。

大納言の職掌を「職員令」によって見ると、「掌らむこと、庶事に参議せむこと、敷奏、宣旨、侍従せむ、献り替てむこと」としている。すなわち、左右大臣とともに政務を審議し、天皇に臣下の意志をも伝え、天皇の側近として仕えて是非を献言する任にあったのである。大納言の任官者のみえない持統朝にあって、中納言三輪朝臣高市麻呂はまさしくこの任を帯びて、持統天皇の朝廷に出仕していたといえるだろう。

中納言三輪朝臣高市麻呂が、天皇に諫言したのは、中納言として天皇に伊勢行幸の是非を献言したのであり、それは当時の官僚の総意を代表したものだったと言えるだろう。それゆえに、天皇は高市麻呂一人を処分することが出来なかったのではないだろうか。天皇の権力を支える官僚機構が、膨張するにしたがって、天皇の行動に異議をさしはさむようになったことを示しているといえるだろう。

そして、官僚が持統天皇の伊勢行幸にさしはさんだ異議の内容とは、すでに述べてきたように、人民の経済的な負担と軍事的動揺を憂慮するとともに、天皇親政を原則とする律令体制の成立期にあって、自ら構築した官僚機構を統制するための大規模な儀礼を伴うものであったのである。しかも、それらの状況を正確に判断するまでに、官僚機構が整備された段階に達していたことも指摘できるだろう。

このような状況は、律令制度が整備され、もっとも機能した奈良時代にあっては、なおさら顕著なことであっただろう。そして、このようなことが奈良時代の畿外行幸をきわめて少ないものとさせたのであろう。それゆえに、奈良時代の純然たる畿外行幸は、わずか六回だったのである。しかし、その六回の内三回が紀伊国への行幸だったのである。

3　和歌浦への行幸

奈良時代の天皇は、経済的・軍事的事情に加えて、権力の高揚に伴い、たやすく行幸を行うことがはばかられた。なかでも、長期間に及ぶ畿外行幸は、もっとも慎まなくてはならないものとされていたであろう。このため、『続日本紀』に記された九五年間を通じて、純然たる畿外行幸は、わずかに六例に過ぎないのである。そして、そのうち半分に当る三例が紀伊国への行幸なのである。

このことから、奈良時代の行幸史上、紀伊国は非常に特異な位置を占めているといえるだろう。[6]さらに、そのうち二例が和歌浦への行幸であり、和歌浦もまた、特殊な位置を占めていたといえるだろう。このような紀伊国や和歌浦の特殊な位置付けは、何によって生じたのであろうか。

紀伊国は、大化二年（六四六）正月一日に発せられた大化改新詔によって、畿内の南限を紀伊兄山と定められたため、畿外の地となった。この畿外の地紀伊国の和歌浦への行幸は、『続日本紀』神亀元年（七二四）十月条によると、次のように記述されている。

辛卯に、天皇紀伊国に幸す、癸巳に、紀伊国那賀郡の玉垣勾頓宮《たまがきのまがりのかりのみや》に行く、甲午に、海部郡玉津嶋頓宮に至り、留まること十有余日、戊戌に、岡の東に離宮を造る、是日に駕に従へる百寮、六位已下伴部に至るまで、禄を賜ふこと各の差有り、壬寅に、離宮を造る司及び紀伊国郡司、并びに行宮の側近の高年七十已上に禄を賜ふこと、各の差有り、百姓の今年の調庸、名草・海部二郡の田租を咸《ことごと》く免ず、又罪人の死罪已下を赦す、名草郡の大領外従八位上紀直摩祖を国造と為し、位を三階進む、少領正八位下大伴櫟津連子人、海部直土形には二階、自余の五十二人には各の位一階、又詔して曰はく、山に登りて海を望むに、此の間最も好まし、遠く行くを労ぜずして、以て遊覧するに足れり、故に弱浜の名を改めて、明光浦と為し、宜しく守戸を置きて荒れ穢らしむること勿からしむ、春秋の二時、官人を差し遣わし、玉津嶋之神・明光浦之霊を奠祭せしむ（中略）、丁未に、行きて和泉国の取石頓宮に還り至る、郡司少領已上に給位一階を給ふ、監正已下百姓に至るまで、禄を賜ふこと各の差有り、

この行幸は、一八日間の長期にわたっており、現地において離宮の造営を行っている。これは、難波宮行幸などの畿内行幸のように、恒常的な滞留施設のない畿外行幸には不可欠な要素であっただろう。また、在地の官人に禄を与え、人民に税などを免除しているが、これは行幸による受入れ地の疲弊を補填するための措置であろう。

八日甲午条の詔によると、「遠く行くを労ぜずして、以て遊覧するに足れり」と述べている。おそらくこれは、聖武天皇の偽りのない心境であっただろう。すなわち、畿外のどこへ

行幸したとしても、先に述べたような困難が伴うのである。しかし、「律書残篇《りつしょざんぺん》」（『改定史籍集覧』一〇）から推定するならば、奈良時代の平城京と紀伊国府との移動時間は、一日半程度であったと思われる。それゆえ、紀伊国和歌浦が宮都から極めて近くに位置することから、軍事的緊張を最小限度にとどめることが出来るのである。この行幸から四一年後に、聖武天皇の息女である称徳天皇が、やはり和歌浦に行幸している。『続日本紀』天平神護元年十月条には、そのときの様子を次のように記している。

甲戌に、進みて紀伊国に到る、乙亥に、那賀郡の鎌垣行宮に到る、夜を通して雨堕つ、丙子に、天晴る、進みて玉津嶋に到る、丁丑に、南浜の望海楼に御して、雅楽及び雑伎を奏せしむ、権りに市鄽《してん》を置きて、陪従及び当国の百姓等をして任に交関を為さしむ、己卯に、前の名草郡少領榎本連千嶋稲二万束を献ず、庚辰に（中略）、詔して曰はく、紀伊国の今年の庸調、皆原免に従へ、其の名草・海部二郡は、庸調田租並びに免ぜよ、又行宮の側近の高年七十以上の者には物を賜ひ、死罪以下を犯すは皆赦除す、但し十悪及び盗人は赦の限りに在ず、又国司・国造・郡領及び供奉の人等に、爵并びに物を賜ふこと差有り、守の従五位下小野朝臣小贄に正五位下を、掾の正六位上佐伯宿禰国守・散位の正六位上大伴宿禰人成並びに外従五位下を、騎兵の出雲大目正六位上坂上忌寸子老に外従五位下を授く、名草郡の大領正七位上紀直国栖等ら五人には、爵を賜ふこと人ことに四級、自余五十三人には各の差有り、牟妻の采女正五位上熊野直広浜に従四位下に叙す、女孺の酒部公家刀自等五人には各の差有り（中略）、癸未に、還りて海部郡の岸村行宮到る、甲申に、和泉国日根郡の深日行宮に到る、時に西方暗瞑にして、常に異なる風雨す、紀伊国の守小野朝臣小贄此よりして還る、詔して絁《あしぎぬ》卌疋・綿二百屯を賜ふ

このときの行幸も、前回同様賜禄と免税の措置が取られている。また、「南浜の望海楼に御して」とあることから、聖武天皇が「山に登りて海を望むに、此の間最も好まし」と述べたことと同様に、和歌浦の海の風景を鑑賞しており、その景観を美しいと讃美したことであろう。思えば、平城京は四方を山に囲まれており、天皇や宮廷貴族たちは、海を見ることのない生活を送っているのである。場合によっては、海を見ることなく平城京で生涯を終える貴族もいたことだろう。それゆえに、彼等の海の見える風景へのあこがれは、想像以上のものであっただろう。しかし、それでは畿内近国の海であれば、紀伊国でなく伊勢国であってもよかったはずである。それが、紀伊国の和歌浦にあこがれた背景には何があったのだろうか。

二度の和歌浦行幸の日程を見ると、ともに晩秋から初冬に掛けての季節を選んでいることがわかる。すなわち、あこがれの海の見える地への行幸は、平城京が冬を迎えようとしている季節に行われているのである。これは、明らかに避寒旅行を兼ねた行幸であったといえる

だろう。このため、伊勢国の海ではなく、温暖な紀伊国の海でなくてはならなかったのである[7]。

ところで、聖武天皇は先の詔の中で、「宜しく守戸を置きて荒れ穢らしむること勿からしむ」と述べ、和歌浦の景観保全の策を講じている。このことは、その後の称徳天皇の行幸を、いざなう結果となっただろう。先に述べたように、恒常的な施設のない畿外への行幸は、滞留施設の新設を不可欠な要素としていた。しかし、聖武天皇は自らの行幸の際に設けた施設をも含めて、この地の保全を命じているのである。この施設がある限り、称徳天皇は、畿外行幸といえども人民の負担を最小限度に抑えることができたのである。

以上、きわめて少ない奈良時代の畿外行幸の内、その半数が紀伊国に集中している最大の理由は、第一に政治・軍事・経済的にも、不安の恐れのある都を、長期間にわたって留守にするため、地理的に最も近い紀伊国が最適であったことが挙げられるだろう。第二に、海のない奈良盆地に生活する天皇や貴族にとって、聖武天皇が「山に登りて海を望むに、此の間最も好まし」と述べ、称徳天皇が「南浜の望海楼に御」して海の見える景観を鑑賞し、さらに多くの万葉歌人が賞賛したように、和歌浦の海にあこがれていたのであろう。また、季節的に見るならば、その行幸が奈良盆地に冬を迎える頃になされた避寒の行楽であったことを、第三に挙げることができるだろう。さらに、聖武天皇行幸の際に執られたこの地の景観保全の策が、のちの和歌浦行幸の経済的負担を軽くすることとなり、称徳天皇の和歌浦行幸を喚起させたのであろう。その後、『日本後紀』の記録によると、律令国家が崩壊の兆しを見せる平安時代初期の延暦二十三年（八〇四）に、やはり平安京が初冬を迎えようとする十月十一日に、桓武天皇がこの地を訪れているが、この頃までその施設は維持されていたのではないだろうか。

おわりに

小稿は、奈良時代の行幸と和歌浦について論じてきた。まず、最初に『続日本紀』に見える行幸記事を網羅的に抽出し、この時代の天皇がいかに移動しなかったかを確認した。そして、その理由を政治的・軍事的・経済的側面から明らかにした。さらに、紀伊国とくに和歌浦への行幸の動機を推定した。このことによって、奈良時代の行幸を考える上で、和歌浦がいかに重要な意味を有していたかを確認することが出来た。

ただし、行幸によって和歌浦を訪れた天皇や貴族たちが、和歌浦の海と温暖な風土にあこがれたことは述べたとおりであろうが、その景観のどのような点に魅力を感じたかについては、管見に入る史料から判断することは出来なかった。これらの点については、今後の課題としたい。

注

（1）鈴木景二「日本古代の行幸」（『ヒストリア』一二五号、一九八九）。

（2）行幸地の現地比定は、朝日新聞社六国史『続日本紀』の頭注によった。ただし、神亀五年三月三日の行幸地である「鳥池塘」については、比定地に関する言及がなかったが、岸俊男「嶋雑考」（『橿原考古学研究所論集』五、吉川弘文館、一九七九）が、これを京内とする考察を行っているので、これに従った。

（3）薗田香融「律令財政成立史序説」（『日本古代財政史の研究』、塙書房、一九八一）による。

（4）横田健一「大和国家権力の交通的基礎」（『白鳳天平の世界』、創元社、一九七三）参照。

（5）拙稿「天武朝の対皇親政策」（『古代天皇制史論』、創元社、一九八八）。

（6）大宝元年の持統天皇の紀伊国行幸について、伊藤博『万葉集全注』巻一（有斐閣、一九八三）は、往路に二〇日も要していることに関して、「道中政情を視察したり風光を楽しんだりしての、すこぶる悠然とした旅であった」としておられる。このことから、このとき天皇が和歌浦を訪れたという記録はないが、その可能性は否定できないだろう。

（7）後年、熊野・高野などへの寺社参詣が、公卿たちの間で盛行するが、それらも概して晩秋から初冬に掛けての季節であり、その復路で和歌浦を訪れることが多かった（拙稿「和歌浦の歴史的景観を考える」『和歌山地方史研究』一六号、一九八九）。

第二章　古代の和歌浦行幸とその景観美

はじめに

和歌浦へは、奈良時代に聖武天皇・称徳天皇の行幸があった。さらに、平安遷都後に桓武天皇も和歌浦に行幸した。私は、第一章で、それら行幸をなさしめた要因を、政治的・経済的及び軍事的動揺を最小限度にすることができたのが、和歌浦と平城京の位置関係にあっただろうと提唱した(1)。また、天皇や貴族たちが憧れた和歌浦は、温暖の地であり、各天皇の行幸が、平城京が冬を迎えるころに、避寒のために和歌浦行幸が行われたことを推定した。

これらについては、今も翻意する必要はないと考えている。しかし、その具体的な根拠を前章では提示することがなかった。そのことを含めて改めて詳述したい。さらに、前章を締めくくる際に、私は次のように課題を提起した。

ただし、行幸によって和歌浦を訪れた天皇や貴族たちが、和歌浦の海と温暖な風土にあこがれたことは述べたとおりであろうが、その景観のどのような点に魅力を感じたかについては、管見に入る史料から判断することは出来なかった。これらの点については、今後の課題としたい。

すなわち、前章の発表に際して、自らに課題を課していたのである。たしかに、古代の人々の美意識を検証することは、きわめて困難な問題ではあるだろう。しかし、古代における畿外行幸が、きわめて少ない中で、三人の天皇が多くの貴族を引き連れて、和歌浦に行幸したのである。

その背景には、平城京あるいは平安京に住まう天皇や貴族たちを惹きつける魅力が、和歌浦にはたしかに存在したとみるべきであろう。本章では、その和歌浦の魅力について、私なりの見解を述べる責務があるだろう。本章は、これらの課題について、前章を補うものである。

1　和歌浦行幸の背景

前章においては、畿外行幸が政治的・経済的及び軍事的に、きわめて大きな動揺をきたすことを指摘した。そして、和歌浦は、畿外の地である南海道の紀伊国にありながらも、平城京とは比較的近い関係にあり、そのような動揺を最小限にとどめることができたと述べた。

では、平城京と和歌浦は、どれほどに近い関係であったのだろうか。

平城京のある奈良市と、和歌浦のある和歌山市は、時刻表によってその鉄道沿線距離を見ると、現在約一一二・一キロメートルを隔てている。『律書残篇』（『改定史籍集覧』第二〇）によると、その行程は三日であった。しかし、『延喜式』の「主計」上によると、平安京と紀伊国（国府）との行程を、上り四日、下り二日としている。このことを勘案すると、『律書残篇』にいう行程三日は、上りの行程であったとみるべきであろう。したがって、下りの行程は一日半とみることができる。(2)しかし、これは平時の行程であろう。緊急事態には、それ以上の早い連絡手段が存在したのではないだろうか。

私は、かつて斉明天皇四年（六五八）の有間皇子の謀反事件を考察したことがあった。(3)皇子は、赤兄によって、十一月五日の夜半に捕縛された。おそらく、赤兄はその処置を存問するために、十一月六日早朝に斉明天皇行幸先の牟婁温湯《むろのゆ》に、「駅使」を発遣したであろう。そして、その指示に従って赤兄は有間皇子の護送を、十一月九日に開始したのである。

当時の宮都の所在地である飛鳥板蓋宮と牟婁温湯の所在地である現白浜町は、三三〇キロを隔てていることになる。その間を、「駅使」は、三日で走破したことになるのである。その一日の移動距離は一一〇キロメートルとなる。

末永雅雄氏の研究によれば、馬を急の歩度で疾駆させた場合、その時速は八・四キロメートルであるという。(4)ただし、馬を急の歩度で走らせた場合、二時間毎に一五分程度の小休息が必要であるということである。それゆえ、一日一六時間の行程を想定するならば、全移動時間はそのうち一四時間となり、総移動距離は一一七・六キロメートルとなる。
すなわち、急使をもってすれば、平城京と和歌浦は、一日で連絡の取れる位置関係にあったということができるだろう。しかし、急の歩度で馬を疾駆させるこのような強行軍を行うには、必ず代替の馬を用意する必要があるとのことである。このことについては、すでに斉明四年の有間皇子事件の際に、赤兄の急使が一日に一一〇キロメートルを走破した実績があることから、それほど不可能なことではなかっただろう。このことによって、平城京と和歌浦は、急使をもってすれば、一日で連絡がかなう近い位置関係にあったことは間違いないであろう。

次に、前章では行幸がいずれの天皇の場合においても、初冬であることに注目し、平城京に住まう天皇が、避寒を兼ねて和歌浦に行幸したことを指摘した。このことについても、補足しておく必要があるだろう。神亀元年（七二四）の聖武天皇の和歌浦行幸の到着は十月八日であるが、内務省地理局編『三正綜覧』（芸林社、一九七三）によって、新暦に換算すると十月二十九日であり、天皇はほとんど新暦の十一月を和歌浦で過ごしたことになる。

同様に天平神護元年（七六五）の称徳天皇の和歌浦行幸は、十月十六日に和歌浦に到着しているが、それを新暦に換算すると十一月三日になる。また、延暦二十三年（八〇四）に和歌浦に行幸した桓武天皇は、十月十一日に和歌浦に到着しているが、それを新暦に換算すると、十一月十六日になる。すなわち、それぞれの天皇は十一月を和歌浦で過ごしたことになるのである。

平城京のある現在の奈良市と、和歌浦のある和歌山市との現在の十一月の平均気温を、国立天文台編『理科年表』（丸善、一九九一年版）によって見ると、十一月の過去三〇年間の平均気温は、和歌山市が摂氏一二・七度である。それに対し、奈良市の平均気温は一〇・五度である。すなわち、和歌山市は奈良市に比して二・二度温暖なのである。

もちろん、千数百年前の気温を、現在のそれと同列に扱うことはできないだろう。しかし、この両都市間の気温差は、古代においても歴然と存在したものと考えてよいだろう。そして、この二・二度の気温差は、平城京に住まう天皇に避寒を思い立たせるに十分な温度差であったといえるだろう。

以上、平城京と和歌浦の関係について、距離的な問題及び気温の問題について、前章において指摘したことを、数値的に確認した。このことによって、和歌浦は遠くに存在するはずの畿外の地でありながらきわめて近い存在であり、避寒に適した温暖な地であったことは十分にいえることであろう。

2　古代和歌浦の景観

平城京との距離及び気温差は、きわめて物理的な問題である。これに対して、古代の天皇やそれに従駕した貴族たちは、おそらくそのような物理的な要因以外に、古代和歌浦の景観をこよなく愛したものと思われる。たしかに和歌浦は、畿外の地にあって政治的・経済的及び軍事的な動揺を最小限に抑えるための位置関係に存在していた。しかし、それはあくまでも最小限であり、皆無ではなかった。事実、『続日本紀』天平神護元年十月二日条によると称徳天皇は、天平神護元年の和歌浦行幸に先立って、「使を遣わして三関を固く守らしむ」という措置を講じているのである。

最小限とはいえ、それらの動揺を犠牲にしてまで、海の見える温暖な和歌浦に行幸するには、それなりの魅力がなくてはならないだろう。それでは、古代の人々は、古代和歌浦の景観のなにに憧れ、なにゆえに愛したのだろうか。そのためには、古代和歌浦の景観がいかなるものであったかを確認しなくてはならないだろう。

日下雅義氏は、自然地理学的な研究成果として、古代紀ノ川が現在の河道とは異なり、和歌浦湾にそそいでいたことを立証された[5]。さらに日下氏によると、紀ノ川が直接西流して、紀伊水道に河口を有するのは、中世の明応大地震のことと推定しておられる。すなわち、古代における和歌浦湾は、近畿地方有数の大河である紀ノ川の河口に位置していたのである。したがって、その河口に位置する和歌浦は、今よりもきわめて雄大な景観を呈していたものと思われる。この海の見える景観が、平城京に住まう人々にどれほどの感激を催したのであろうか。

神亀元年、和歌浦に行幸した聖武天皇は、「山に登りて、海を望むに、この間最も好まし」と詔している。そして、天平神護元年に和歌浦に行幸した称徳天皇は、「南浜の望海楼に御し」たと記している。さらに、延暦二十三年に和歌浦に行幸した桓武天皇は、「船に御して遊覧」し、「今御坐す所を御覧に、礒嶋も奇麗《うつくし》く海の瀲《みぎわ》も清く晏《やすらか》にして」と詔している。すなわち桓武天皇も和歌浦の海の見える景観に感動したのである。

すなわち、和歌浦に行幸した三人の天皇が、いずれも和歌浦の海を鑑賞し、その景観に感動を覚えているのである。このことは、これら三人の天皇の行幸に従駕した貴族たちにも言えることであった。『万葉集』の題詞や左注によって、神亀元年の聖武天皇の和歌浦行幸に従駕した際の、作歌であると明らかにわかるものは、笠朝臣金村の長歌（五四三）と反歌二首（五四四・五四五）、そして山辺宿禰赤人の長歌（九一七）と反歌二首（九一八・九一九）の都合六首である。

金村の作歌はいずれも、行幸経路を詠みあげた作であるが、赤人の作歌は玉津島を中心とする和歌浦の海の見える景観を詠みあげたものである。また、聖武天皇行幸に際しての作歌と断定することはできないが、和歌浦・玉津島・雑賀を詠みあげた作歌が巻七に五首（一一九四・一二一五・一二二七・一二二九・一二二二）、巻九に一首（一七九九）、巻十二に二首（三一六八・三一七五）、合計八首見ることができる。それらの多くは海の見える景観をたたえる和歌である。このことからも、海のない平城京に住まう天皇や貴族たちが、いかに和歌浦の海に感激したかを知ることができるだろう。

このことは、『日本書紀』に見える持統天皇の伊勢行幸に際して、詠じた柿本人麻呂の和歌からも知ることが出来るだろう。天皇は持統天皇六年（六九二）三月三日に伊勢国に行幸した。しかし、同年五月六日の記事から、志摩国「阿胡行宮《あごのかりのみや》」に逗留したことが知られる。この行幸に際して、平城京で留守を預かっていた柿本人麻呂は、『万葉集』巻一に次のような三首の和歌を残している。

あみの浦に　船乗すらむ　をとめらが　玉裳の裾に　潮満つらむか（四〇）
釧《くしろ》着く　答志《たふし》の崎に　けふもかも　大宮人の　玉藻刈るらむ（四一）
潮さゐに　いらごの島辺　こぐ船に　妹乗るらむか　荒き島回《み》を（四二）

あみの浦・答志の崎・いらごの島も、阿胡行宮の所在地と思われる英虞《あご》湾からは臨めない位置にあるのである。すなわち、行幸に従うことなく平城京に留まった人麻呂は、志摩国に行幸があると聞いただけで、持統天皇の逗留地でもないのに、海の見える景観を楽しむのだろうと一人合点をしたのである。これほどまでに平城京に住まう人々は、海にあこがれていたのである。

しかも日下氏の研究によるならば、沖積作用が未だ緩慢だった古代においては、現在の和歌浦湾沿岸に位置する玉津島山・鏡山などは、満潮時には独立した島嶼であったとされる。ただ、ここで注目されるのは、満潮時には独立した島嶼であったが、干潮時には陸地につながっていたと思われることである。すなわち、干潮時に現われた干潟が、満潮時には水面に没して見えなくなるのである。

これに関して、先に触れた山辺宿禰赤人の詠じたこのときの和歌が非常に参考になるだろう。赤人は、長歌で玉津島を中心とする和歌浦の景観を絶賛している。そして、続けて次のような反歌二首を詠じている。

沖つ島　荒磯の玉藻　潮干満ちて　隠ろひゆかば　思ほえむかも（九一八）

若の浦に　潮満ち来れば　潟を無み　芦辺をさして　鶴《たづ》鳴き渡る（九一九）

第二首の短歌は、和歌浦の塩釜神社の社頭に建つ歌碑に刻まれているため、和歌浦を讃える和歌としてきわめて有名である。それに比べて、第一首はそれほど言及されることがないようである。しかし、赤人の和歌浦の景観に関する思いは、第一首と第二首の和歌を一組にして理解すべきものである。

第一首の歌意は、はるか沖の島の荒磯に見える玉藻は、今潮が引いているので見えているが、潮が満ちて水面に没すれば、どのようになるのであろうか、というものである。これは、和歌浦の干潮の様子を詠っているのである。

これに対して、第二首の歌意は、和歌浦が満潮になったので、干潟が水面に没するため、芦の生い茂っているより浅いところを目指して鶴が鳴きながら飛んでいく、というものである。これは、和歌浦の満潮時の様子を詠み上げているのである。すなわち、この二首の短歌を詠じた赤人は、和歌浦の干潮時と満潮時の様子に感動して、そのさまを対比させて詠じているのである。このことから、赤人は和歌浦の潮の干満に一日中目を奪われていたことがわかるのである。

潮の干満の科学的な論理を知らない、しかも海のない平城京に住まう赤人にとって、時の経過とともに、和歌浦の干潟が見えたり、隠れたりすることは、一日中見続けたとしても、決して飽きることのない情景であったと思われる。もちろん、和歌を得意とする赤人であるからこそ、このような短歌二首を残すことが出来たのであるが、聖武天皇に従駕した多くの貴族たちも、和歌こそ残さなかったが、赤人と同じ感情を催したことであろう。古代和歌浦の景観とは、眼前に雄大な海を眺め、しかもその海は潮の干満を確認することの出来るものだったのである。

3　古代人が憧れた和歌浦の景観美

和歌浦を訪れた天皇や従駕した貴族たちは、潮の干満が確認できる和歌浦の海の見える景観に感動を覚えたのである。それでは、彼等はその海をどのように眺めたのであろうか。聖武天皇は、「山に登りて、海を望む」と『続日本紀』は記している。おそらく、玉津島、すなわち現在の奠《てん》供《ぐ》山《やま》から海を臨んだのであろう。奠供山から海を臨むのであれば、聖武天皇は南を臨んでいたことになるであろう。

称徳天皇は、「南の浜の望海楼に御」したと『続日本紀』は記している。やはり称徳天皇も南を臨んでいることがわかる。なお、別に推定したように、称徳天皇が御した望海楼は神亀元年に行幸した聖武天皇が保存を命じた施設であろう。この推定が正しければ、聖武天皇もこの望楼に御して和歌浦の海を眺めたことになるだろう。そして、桓武天皇は「船に御して遊覧」したと、『日本後紀』は記している。和歌浦の海は南に開けているので、桓武天皇も南を臨んでいたことになるだろう。[6]

三人の天皇は、揃って南に広がる和歌浦の海を眺めたのである。それは、若干の高低差があるものの、現在の不老橋周辺から眺めた視点であろう。そして、そこからその和歌浦の景

和歌浦の現景（著者撮影）

観美を鑑賞したのである。おそらく従駕した多くの貴族たちも、同じような視点から和歌浦の海を眺めたことであろう。それでは、その視点から、一体何が見えるのであろうか。

まず手前に、満潮時には海面に没する干潟が見える。その向こうに干潟に平行して長く左右に伸びる、現在片男波と呼ばれている砂嘴《さし》が見える。その彼方に和歌浦湾の水平線が見えるのである。さらにそのはるか彼方に、やはり平行して藤白の峰がなだらかに横たわっているのである。すなわち、万葉人が繰り返し眺めにやってきた和歌浦は、干潟・砂嘴・水平線・山並みという、水平線が幾重にも重なった景観だったのである。そして、おそらく『万葉集』に多くの和歌を残した古代の人々は、そのような重層性のある水平感覚の景観を美しいと感じていたのであろう。

和歌浦への行幸が途絶えた平安時代の寛平年間（八八九〜八九八）に、宮廷で「寛平菊合」（『群書類従』第十三輯）という和歌の会が催されている。歌合せとしては、きわめて初期のものであるが、その歌題に設定された一〇か所の名所を見ると、山城皆瀬・嵯峨大池・紫野・大井戸灘・摂津田蓑島・奈良棹河・和泉吹居・紀伊吹上浜・伊勢国網代浜・逢坂関となっている。

これらの名所の分布する範囲は、奈良時代に行幸がなされた範囲とほぼ重なっている。おそらく、行幸が途絶えたこの時期に、かつてを偲んで疑似体験をしようとしているのであろう。そのため、後者九か所の名所については、「州浜」と呼ばれる箱庭をしつらえさせている。すなわち、ここに上げられた名所は、かつての万葉人が美しいと感じ取った景観を具備していたものと考えてよいだろう。

そして、ここに挙げられた名所を見ると、浜辺が四か所、川が二か所、池・野・関・島が各一か所となっている。わずかに逢坂関一か所を除けば、残る九か所は水平線の景観美を備えた名所であるといえるだろう。やはり、古代の人々は水平感覚の美意識を大切にしていたものといえるだろう。

ちなみに、『万葉集』巻一に収める天智天皇の作歌（一五）の「渡津海《わたつみ》の　豊旗雲《とよはたくも》に　入日さし　今夜《こよい》の月夜《つくよ》　清明《あきら》けくこそ」という秀歌も、水平線とそれに平行して長く横たわる雲の彼方に沈む夕日を詠じたものである。おそらく、夕日の色は、水平線を赤く染めていたことであろう。斉藤茂吉は『万葉秀歌』上（岩波新書、一九三八）において、この和歌を「如是壮大雄厳の歌詞」と絶賛し、「万葉を崇拝して万葉調の歌を作ったものにも絶えてこの歌に及ぶものがなかった」と評している。

古代以来、人々は美しい景観を絵画にとどめようとしてきた。そして、その多くが絵巻物として今日に残されている。和歌浦の景観も多くの絵巻物に描かれて、今日に伝わっている。(7)すなわち、絵巻物が古代以来の美しいとされる景観を、画幅の中で処理するのに最適であったということを示しているのである。その背景には、描きとどめたい景観が、わずか一尺余の画幅の中で、処理できる水平感覚の景観美であったからだろう。

しかし、近世初頭になると、絵巻物の内容に大きな変化が生じてくる。この頃描かれた風景には、素槍霞《すやりがすみ》の技法が多く見られる。これは、絵巻物の中で高低差を処理するために、高所と低所の間に素槍霞を置く技法である。(8)すなわち、近世初頭から描く対象の景観が、絵巻物の画幅の中で処理できない状況が生じてきたのである。それゆえに素槍霞の技法が多用されるようになったのであろう。

慕帰絵　巻七（西本願寺蔵）

そしてこの頃以後から、絵巻物の扱う題材が、もっぱら行列図となるのである。[9] しかも、行列の背景に広がっているはずの景観が捨象されてしまうことが多くなるのである。これは、写実的な技法が尊重されることによって、絵巻物の画幅の中では、背景の景観をまったく処理できなくなったからであろう。

それでは、絵巻物から景観が消えてしまった近世初頭以後、その当時の人々が美しいと考える景観はどこに描かれたのであろうか。この頃以後、文人画が台頭し、多くの山水画が、掛け軸の画幅の中に描かれるようになるのである。そして、それは高低差のある山や滝である。まさしくそれは、万葉人の水平感覚の美意識に対し、垂直感覚の美意識と評することが出来るだろう。

すなわち、景観を描く画材の絵巻物から掛け軸への転換は、古代以来の水平感覚の美意識から、近世的な垂直感覚の美意識への大変革のあったことを示しているものといえるだろう。そして、それ以前の水平感覚の美意識を大切にする万葉人たちによって、重層性のある水平感覚の景観美を備える和歌浦の景観は、こよなく愛され、三人の天皇を行幸へといざなったのであろう。

おわりに

本章は、古代の和歌浦行幸とその景観美について論じてきた。とくに、前章において和歌浦と平城京との関係を論じたが、その連絡に要する時間及び気温差について、具体的に数値を示した。さらに、古代の平城京に住まう人々が、和歌浦に何を求め、和歌浦の景観の何を美しいと感じたのかを導き出すよう試みた。

まず、斉明四年の有間皇子事件の赤兄が放った急使の移動距離を参考にして、平城京と和歌浦は、急使をもってすれば一日で連絡が可能な位置関係にあったことを明らかにした。また、行幸を行った各天皇が、それぞれ平城京が冬を迎える新暦の十一月に、和歌浦を訪れていることを指摘した。そして、現在の奈良市と和歌山市の十一月の平均気温差から、和歌浦は、平城京よりも二・二度温暖であることを指摘し、十分に避寒に耐えられる環境にあったことを指摘した。

次に、日下雅義氏の自然地理学的研究成果から、古代の和歌浦が紀ノ川河口に位置しており、雄大な海に面していたことを確認するとともに、海のない平城京に住まう人々の海への憧れを催させたことを指摘した。そして、『万葉集』に収められた和歌から、平城京に住まう人々の海への憧れがいかに大きいものであるかを述べた。

また、和歌浦の干潟が、潮の干満によって現れたり海面に没したりした事実を指摘した。そして、山辺宿禰赤人の万葉歌から、赤人がその潮の干満に、日がな一日目を奪われたであろうことを指摘した。

最後に、古代の人々が求めた和歌浦の景観美について論じた。行幸で和歌浦を訪れた各天皇の動向を、『続日本紀』『日本後紀』の記述から詳細に分析し、それぞれの天皇は現在の不老橋付近から南に海を臨んだであろうとした。そして、そこから見える景観とは、干潟・砂嘴・水平線・藤白の山並みであり、それらはすべて平行に横たわっていることを指摘した。すなわち、古代の人々は幾重にも重なった水平感覚の美意識を珍重していたことを指摘した。

それらの古代の人々が美しいと感じた景観は、一尺余りの画幅である絵巻物に描かれ、水平感覚の景観であるからこそ、そのような画幅の中で処理できたことを指摘した。しかし、近世初頭以後絵巻物はもっぱら行列を描くようになり、その背景にあるはずの風景は捨象されるようになることを指摘した。

そして、近世初頭以後人々が美しいと考える景観は、掛け軸の中に描かれるようになり、それは巍巍たる山であり、高低差のある滝であった。すなわち、近世初頭にそれ以前の水平感覚の美意識から、垂直感覚の美意識へと大きく転換することを述べた。このように考えるならば、今なお和歌浦の中に残された本来の景観は、この美意識の大変革以前の古代日本人の美意識を検証するための、貴重な文化遺産であるといえるだろう。

注

（1）拙稿「古代の行幸と和歌浦」（『有坂隆道先生古稀記念日本文化史論集』、同記念会、一九九一）。

（2）磯貝正義「古代交通路の一研究―紀伊萩原駅の所在をめぐって」（『山梨大学学芸学部研究報告』六、一九五五）は、平安遷都によって駅路の変更があり、平城京―紀伊国府の行程三日であったものが、平安京―紀伊国府間の行程が四日になったとされる。このことから、「律書残篇」の行程三日は上りの行程と理解するべきであろう。

（3）拙稿「有間皇子事件の再検討」（薗田香融編『日本古代社会の史的展開』、塙書房、一九九八、のち『古代熊野の史的研究』、塙書房、二〇〇四）。

（4）末永雅雄「馬の速度」（『史泉』二三・二四合併号、一九六二）。

（5）日下雅義「紀ノ川の河道と海岸線の変化」（『歴史時代の地形環境』、古今書院、一九八〇）。

（6）前掲拙稿（注1）

（7）和歌浦の景観を描いた比較的古いものは、『慕帰絵詞』（西本願寺所蔵）巻七で、和歌浦玉津島の老松にぬかずく本願寺覚如の姿が描かれ、背景に和歌浦の海岸と寄せる波が描かれている。なお、『慕帰絵詞』の成立は南北朝期と思われるが、巻七については文明十四年（一四八二）に、蓮如によって後補されたものである（小松茂美『慕帰絵詞』、中央公論社続日本の絵巻9、一九九〇）。

（8）『蛸薬師縁起絵巻』（岸和田市天性寺所蔵）は、岸和田城を攻める雑賀衆の姿が描かれている。岸和田城は天守閣を備えた近世城郭として描かれている。その天守閣の下で雑賀衆が合戦を行っているが、天守閣から眺める武将の姿が大きく描かれている。そのため、雑賀衆の合戦場面と天守閣との間に素鎗霞が描かれ、その高低差を処理している。この場面については『戦国時代の紀州雑賀』（和歌山市立博物館特別展図録、一九八八）に写真掲載されているので参照されたい。

（9）江戸時代初頭の正保三年（一六四六）に描かれた「東照宮縁起絵巻」（紀州東照宮所蔵）巻五には、和歌祭行列図が描かれているが、その背景には風景が描かれている。しかし、江戸中期の天明三年頃に描かれたと思われる「和歌祭行列之図」（個人蔵）には、雑賀踊等の演目が詳細に描かれているが、その背景に存在するはずの風景はまったく捨象されている。これらの場面については、『和歌浦』（和歌山市立博物館特別展図録、二〇〇五）に写真掲載されているので参照されたい。

第三章　吹上と和歌浦

はじめに

和歌浦と吹上の浜は、対になって史料にみられることが多い[1]。あたかも、両者は双生児のようでもあり、時には同一されることもある。事実、柳沢吉保が和歌浦を写したとされる六義園（東京都文京区）にも、八八境の一つとして「吹上之浜」があげられている[2]。そのため、ともすれば、和歌浦＝吹上とさえ思うことがある。はたしてそれは的を射ているのであろうか。

古代に、聖武天皇・称徳天皇、そして桓武天皇の和歌浦への行幸があった。しかし、それらを伝える『続日本紀』や『日本後紀』には、たしかに和歌浦の地名が出てくる。ところが、吹上の地名を見ることはできない。それでも、これまで指摘されてきたように、平安時代以後の史料には、しばしば和歌浦と吹上は対をなしてみられるのである。

それでは、吹上という地名は、いつ頃から見られるのであろうか。吹上は和歌浦に包含される地名なのだろうか。それとも、まったく異なった地名なのだろうか。このように考えると、和歌浦と吹上はどのような位置関係にあったのだろうかという問題が生じてくる。同じ地名の異称なのか、それとも、まったく異なった地名なのだろうか。このことは明らかにされるべきであろう。

同じ地名の異称というのであれば、そのような異称が生じた理由を明らかにする必要があるだろう。逆に異なった地名であるならば、吹上が和歌浦と対になって史料に現れる背景にはどのような事情があったのだろうか。小稿は、このような問題意識の下に、吹上と和歌浦の関係を論じようとするものである。

1　吹上の浜

和歌浦の地名は、『続日本紀』によると神亀元年（七二四）に聖武天皇が行幸し、「弱浜」を「明光浦」と名付けたことから見られるようになる。「弱」という文字には、「若い」あるいは「幼い」という意味があることから、本来「わかはま」と読まれていたものと思われる。当地を訪れた聖武天皇は、南国紀伊国和歌浦の陽光を愛でて、「明光浦（あかうら）」と表記を改めさせたものと思われる。

浜よりも浦の方が雄大である。したがって、「わかはま」を「わかうら」と呼称するように命じたのであろう。ただ、古代の地名は「好字」を用いて表記することが盛んに行われた。

「弱浜」を「弱浦」とするのでは、まさしくこの趣旨に反するであろう。それゆえに、南国紀伊国の陽光にふさわしく、また本来の訓である「わか」に音が似通っている「明光（あかり）」の漢字を充てたのではないかと思われる。しかも、従駕した多くの貴族たちが、その景観を多くの和歌に詠じたため、やがて本来の訓である「わか」を意味する「和歌浦」と表記されるようになったものと思われる。この表記を得たことによって、和歌浦は和歌をたしなむ者たちの憧れの土地となるのである。

それでは、吹上という地名はいつ頃から史料にみえるのであろうか。平安時代初期の寛平年間（八八九～八九八）に、宇多天皇の朝廷で「寛平菊合」（『群書類従』第十三輯所収）という和歌の会が催された。その八番の詠者として、菅原道真が「紀伊国吹上浜菊」の題詞の下に、「秋かぜのふきあげにたてる白菊は花かあらぬか浪のよするか」という和歌をとどめている。ここでは、「紀伊国吹上浜」と記していので、明らかに紀伊国の吹上であることがわかる。このことから、少なくとも九世紀後半には、吹上は名勝として宮廷にも聞こえていたことがわかる。

次いで、十世紀中頃の作とみられる増基《ぞうき》法師の「いほぬし」という紀行文の中で、増基法師は、いほぬしという世捨て人に熊野参詣途上で吹上を訪れさせているが[3]、その記述は次のようである。

きの国の吹上のはまにとまれる月いとおもしろし、此浜は天人くだりてあそぶといひ伝へたる所なり、げにそもいとおもしろし、今宵のそらも心ぼそうあわれなり、夜のふけゆくまゝに、かものうはげの霜うちはらふ風も空さびしうて、たづはるかにて友をよぶ声もさらにいふべきかたもなう哀なり、それならぬさまゞゝの鳥ども、あまた洲崎にもむらがれてなくも、心なき身にもあわれなることかぎりなし、

この紀行文の主人公であるいほぬしは、この後段で「ふき上の浜にとまれる」と記していることから、この吹上に野宿をしたようである。そして、当時この吹上には天人が下り来て遊ぶという言い伝えがあったようである。さらに、物寂しい状況で、遠くに鶴が仲間を呼びながら鳴き渡る様子が記されている。

平安初期・中期の史料には、管見に入るところ、以上の二点だけである。しかし、菅原道真が宮廷の歌会で詠むほどまでに、吹上は九世紀末にはすでに有名になっていたとみられる。また、十世紀には都から吹上を訪れた人物が、天人が下り来て遊ぶという伝承を認識しており、そのような伝承が、流布していたことがわかる。ただ、八世紀にみられる和歌浦に比べて、吹上が史料にみられるのは、かなり遅れるものであることがわかる。

2　吹上の情景

それでは、古代の吹上とはどのような環境だったのであろうか。藤原公任《きんとう》の歌集「公任卿集」によると、彼は粉河《こかわ》参詣の途次に和歌浦と吹上を遊覧している。(4)公任は、まず和歌浦に遊び、その後吹上を遊覧している。その様子を次のように記している。

玉津島にまうでむとてあるに、道おぼつかなしなどいふほどに、かみ人たちたものさきにつかうまつらんとていできたり、なりあひの松ばらよりゆけば、まこもくさ生しげりさはにこまあるに、おかしう緑の松こぐらき中より白浪たつもみとおさる、やう〳〵みやしろにいたるほどに、いりひのほとりに蜑《あま》の家かすかにて、船どもつなぎあみどもほしなどしたるを、都にはかはりておかしみ、やしろにまうでつきて、みてくら奉り所々めぐりてみれば、いひやらんかたなく、おもしろくおかしきをもひとにみせぬを、たれもかくおもふへし、そこのありさまいはゞ中々をとりぬべし、かゝる所にて中々ものもいはれぬものになむありける、かへさにうしろのいはやをみれば、ほとけのいとけにておはするを、

(中略)

吹上のはまにいたりぬ、風のいさごをふきあぐれば、かすみたなびくやうなり、げにな

にはたがはぬ所なりけり、さだかやまのほうの前人々などみえたりていとおもしろし、
こまひきとゞめてやすらへは、蜑の塩たるゝもいと哀なり、

これによると、公任は和歌浦でまず玉津嶋神社に参詣し、松林のかなたにみえる白波に感激し、海人の住まいを眺め、その船や干し網を眺めている。すなわち、漁村の風景を見て、都とは異なったひなびた様子に感激し、「おもしろくおかしきをもひとにみせぬを、たれもかくおもふへし」と記している。和歌浦には都と異なった人々の営みが存在していたのである。

　これに対して、吹上を訪れた公任は、砂を舞い上げる大自然に興を感じているのである。日下雅義氏の研究によると(5)、縄文海進期の和歌山平野は、まったく海に覆われていたという。その後紀ノ川の沖積作用によって、土砂が紀ノ川河口付近に堆積することになる。その最初は、紀ノ川の運ぶ土砂が、打ち寄せる波によって河口付近にほぼ南北に堆積した。それは、現在の和歌山市松江付近から、和歌浦にかけての数キロに及ぶ砂丘を形成したのである。紀ノ川は、この砂丘に阻まれて、流路を大きく南に変えて現在の和歌浦湾に河口を有していたということである。「風のいさごをふきあぐれば」とある表現からして、公任は吹上でこの砂丘を見たのであろう。

　一方、和歌浦は紀ノ川の沖積作用による土砂の堆積が始まる以前から、玉津島や鏡山など

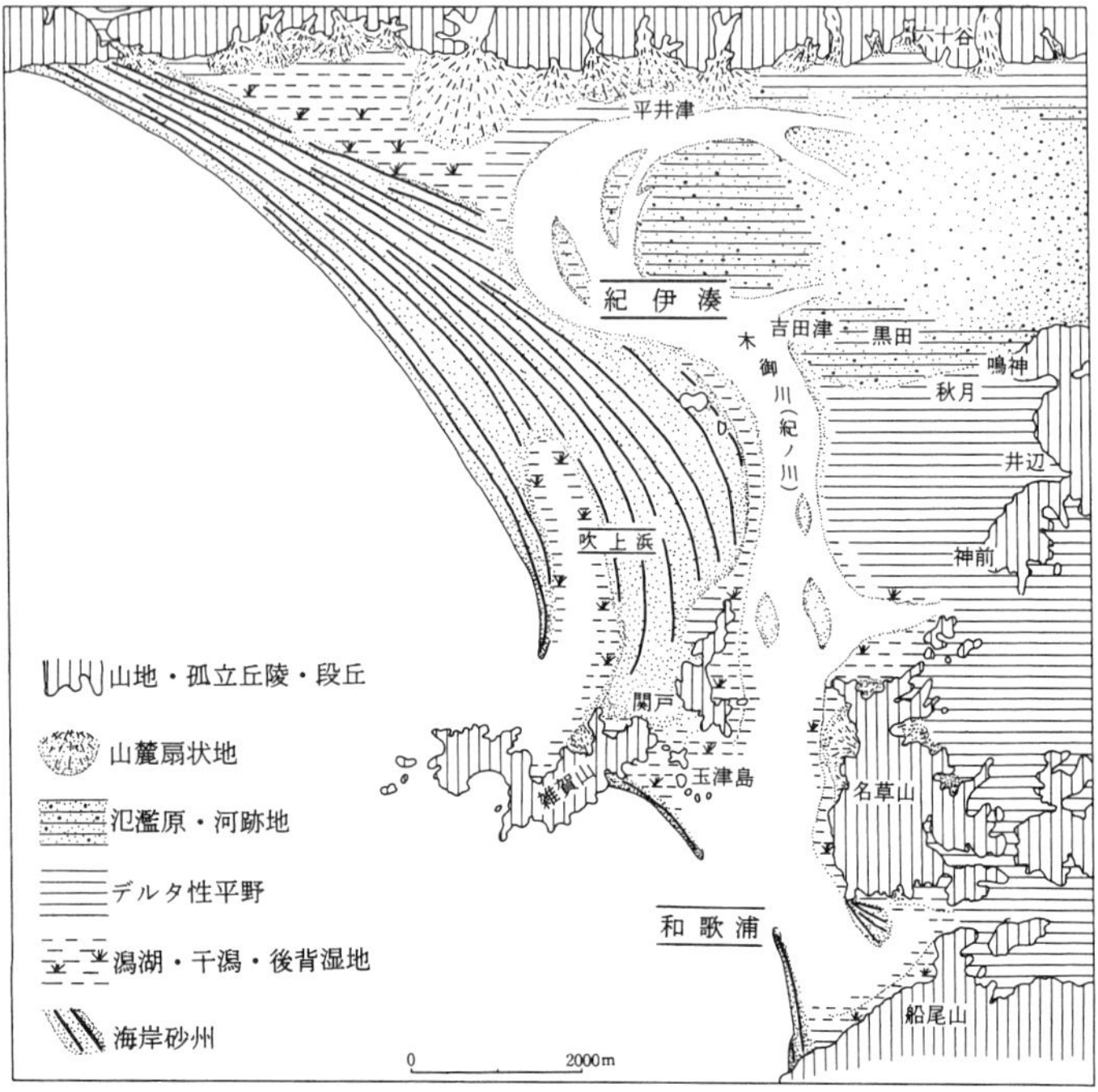

地形環境の復原図（日下雅義『歴史時代の地形環境』古今書院より）

が独立した島嶼として存在し、土砂の堆積によって陸化が進んだものと思われる。それゆえに、和歌浦には砂丘だけでなく、本来独立島嶼であった山を中心として、豊かな松林が存在したのである。吹上で風に舞う砂に感激した公任が、和歌浦では松林のかなたにみえる海に感激しているのも、このような地形の異なりによるものであろう。

たしかに、はるかかなたに人がいて、濡れた着物から潮の滴り落ちる様子を記してはいるが、彼は明らかに、和歌浦の鄙びた営みとは異なった、茫漠たる大自然を吹上にみていたのである。先に指摘した寛平菊合での道真の作歌は、決して吹上が白菊に覆われた美しい花園であると歌っているのではない。むしろ、吹上にあるはずもない白菊に驚きながら、その白菊は吹上の浜に押し寄せる波のしぶきにたとえているのである。このことは、永承三年（一〇四八）十月に、高野参詣の帰路、和歌浦を遊覧した藤原頼通の次に掲げる「宇治関白藤原頼通高野参詣記」（『続々群書類従』第五輯、原漢文）の記述を見ると、より顕著にわかるであろう。

是の行路の便は吹上浜・和歌浦を御覧ずるため也、巳刻の終りに御湊口に着御す、（中略）先づ吹上浜御覧ず、朱と紫袖を比べ、尊卑争ひ行く、時に蒼海は渺邈《びょうばく》として、清き砂は崔嵬《さいかい》す、天山に登るが如く葱嶺《そうれい》に向ふに似たり、之の頃、雑賀の松原を経ぬる、和歌浦に向かわしめ給ふ、翠の松は盖《かさ》を傾け、白き浪は蹄を洗ふ、見る毎に風流の地勢に飽き、弥よ七宜の稟天然を感ず、猶吹上之浜和歌之浦を指すに、山辺の説・柿本の調と雖も、此地に則ち難かるべし、しかのみならず轡《くつわ》を按《おさ》へ鞍《くら》を扣《ひか》へ、争ひて色々貝を拾ふの輩、已に老若を別たず、各の志に任せ興に乗るに及ぶの余り、殆ど日の暮れるを忘る、未刻に還りの御船に御す、

これによると、頼通一行はまず吹上を訪れている。付き従う高貴な人々が、その景観に驚

き、先を競うように進んだとある。その景観は、青く広々とした海が見え（蒼海渺邈）、清らかな砂がうずたかく山をなしていたのである（清き砂は崔嵬す）。その様子を、頼通は天山山脈やパミール高原に比喩している（如天山似向葱嶺）のである。

この「清き砂は崔嵬《さいかい》す」という景観は、公任がみた砂丘を表現しているのであろう。そして、それは天山山脈やパミール高原に比喩されるような、茫漠たる大自然だったのである。頼通はその後和歌浦を訪れているが、雑賀の松原を経て和歌浦に至った。生い茂る松に天蓋を傾けながら、馬の蹄を白波に洗われながら、和歌浦を遊覧したのである。ここでも、松の生い茂る和歌浦の景観が述べられている。

公任も頼通も、茫漠たる砂丘の吹上と、翠の松に覆われた和歌浦の景観を見ていたのである。多くの史料が、和歌浦と吹上を対に遊覧していることを記している。しかし、和歌浦の景観と吹上の景観は、このように詳細に見るとまったく異なったものだったのである。和歌浦と吹上を訪れた人々は、明らかにそれぞれが異なった景観を有する名勝地であることを、認識していたことは間違いないであろう。

3　吹上と位置と広がり

十二世紀の天仁二年（一一〇九）十一月六日、熊野参詣を終えた藤原宗忠《むねただ》は、その帰途に和歌浦と吹上を遊覧している。その時の様子は、彼の日記「中右記」（増補『史料大成』、原漢文）に次のように記されている。

> 海上を一時許り渡りて和歌浦に着く、巌石は色色にして、松樹は処々あり、地形は幽趣にして、風流は勝絶なり、海上の間自然と藤代山・和佐々加山過ぎ了ぬ、未の刻、馬・下人等来たり合う、渡海して廻りたる浜也、次で馬に乗り卅《さんじゅう》町許り忩《にわか》に行くの間吹上浜に来着す、地形の体を為すこと、白砂は高く積り、遠く山岳を成すこと、三四十町許り、全く草木無く、白雲を踏むが如し、誠に以て希有なり、此地の勝絶たること、筆端に能わず、

熊野参詣の復路に船で和歌浦に着いた宗忠は、和歌浦の様子を「巌石色色、松樹処々、地形幽趣、風流勝絶」と評している。ここでも、和歌浦は緑の松が象徴的だったのである。都大路の大邸宅の立ち並ぶ平安京に住む宗忠にとっては、まさしく非日常的な景観であっただろう。それに対して、吹上は「地形の体を為すこと、白砂は高く積り、遠く山岳を成すこと、三四十町許り、全く草木無く、白雲を踏むが如し」と評している。すなわち、白砂が高く積もった砂丘が山のように続き、その長さは三〜四キロメートルにも及んでいたのである。これもまた、平安京では見ることのできない光景であろう。和歌浦も吹上も、ともに都では決して見ることのできない景観ではあるが、やはり和歌浦と吹上はまったく異なった景観とし

て、宗忠も認識していたのである。

和歌浦と吹上の位置関係を、「卅町許り」と記しているが、吹上の砂丘の規模を「三四十町許り」と、かなり大雑把に記している。宗忠は、この記述に続いて「是の木の三所社は、日前・国懸宮の辺りなり」と記しており、こののち吹上砂丘を横切って、日前宮へと赴いているのである。したがって、吹上砂丘の北の端を実見してはいないため、このような大雑把な表現になったのだろう。このことから、古代の吹上の砂丘は、四キロメートル以上あった可能性もあるだろう。

現在、観光地として多くの人々を惹きつけている鳥取砂丘は、東西一六キロメートル、南北二・四キロメートルで、我が国最大の砂丘である。砂丘の茫漠たる景観は、古今を通じて人々を惹きつけるのであろう。しかし、吹上の砂丘は、鳥取砂丘の四分の一程度にしか過ぎない砂丘である。しかし、都に生活する貴族たちにとっては、それは驚くべき景観であったと思われる。

宗忠は、その吹上の位置を、「馬に乗りて卅町許り〈ばかり〉に行くの間、吹上浜に来着す」と明記している。すなわち、吹上は和歌浦から約三キロメートル離れた場所に存在し、そこから三、四キロメートルの砂丘を形成していたのである。和歌浦は、紀ノ川平野の南の海に突き出している。それゆえ、和歌浦から三キロメートル離れているということは、和歌浦から北へ三キロメートルの地点が吹上であるということになる。

現在、和歌浦から北へ約三キロメートルの地点に、吹上という地名が残っている。「中右記」の記述と一致することから、これが古代吹上の遺称地名であろう。ただし、現在の吹上地区は、海岸をはるか西に臨んでおり、完全な内陸部に位置する。おそらく古代の海岸線に位置した吹上地区は、西への陸化が進むにつれて、内陸に位置するようになったのであろう⑹。そして、この吹上地区から三〜四キロメートルの砂丘が続いたというのであれば、現在の紀ノ川河口を越えて、現在の松江地区にまで及ぶ砂丘が形成されていたことになるだろう。

前掲の日下氏の研究によると、古代において和歌浦湾に注いでいた紀ノ川が、紀伊水道に注ぐようになったのは、中世の明応年間（一四九二〜一五〇一）のことであるから、宗忠が訪れた頃の吹上は、現在の紀ノ川河口に遮られることなく、砂丘が北へと続いていたものと思われる。ともあれ、和歌浦と吹上は、平安時代以来の史料によって、たびたび対になって現われるが、その景観において全く異なったものと認識されていただけではなく、その所在地も明らかに離れた、そして異なった名勝として理解されていたことは、「中右記」の記述からも間違いないだろう。

ただし、吹上は『万葉集』には一首も詠まれてはいない。このことから吹上に人々が注目し、名勝と認識し、訪れるようになるのは、奈良時代後期から、寛平菊合で詠まれる平安初期の間のことであろう。寛平年間に至るまで、数次の行幸がなされ、天皇とそれに従駕した貴族たちは和歌浦を訪れたのである。

聖武天皇は、神亀元年に和歌浦を遊覧したのち、「和泉国所石頓宮」に至っている。ただし、その詳細な経路は明記されていない。一方、天平神亀元年に和歌浦を遊覧したのち、称徳天皇も和泉山脈を越えて難波宮に至っている。その際、十月二十五日に「海部郡岸行宮」に宿り、翌日「和泉国日根郡深日行宮」に至っている。この「岸行宮」は、現在の和歌山市貴志地区であろうし、「深日行宮」は現在の岬町深日であろう。したがって、称徳天皇一行は、貴志と深日を結ぶ孝子峠を越えたものと思われる。おそらく、聖武天皇もこの経路をとったものと考えてよいだろう。

このように考えると、聖武天皇・称徳天皇とそれに付き従った多くの貴族たちは、この行幸の復路で、吹上の砂丘を通過したことは間違いないであろう。このようなことを考え合わせると、和歌浦にあこがれた人々が、和歌浦を訪れる往還に、吹上の景観を発見したものと考えてよいだろう。すなわち、名勝吹上も和歌浦に付随して名勝となり得たものと考えることができるだろう。

おわりに

小稿は、和歌浦と吹上の関係について論じてきた。まず、和歌浦と吹上が多くの史料に対になって見られることを確認した。しかし、和歌浦は八世紀から見られるが、吹上は九世紀末になってようやく史料に見られるようになったことを指摘した。さらに、「公任卿集」や「宇治関白藤原頼道高野山参詣記」の記述から、和歌浦と吹上はまったく異なった景観であったことを指摘した。

次に、「中右記」の記述から、和歌浦と吹上はまったく別個の地をさしていることを明らかにした。そして、吹上が茫漠たる砂丘であり、その規模が平安京に住まう貴族たちにとっては驚くべきものであることを指摘した。

最後に、聖武天皇と称徳天皇の行幸の経路を分析し、一行が共にその和歌浦遊覧の帰路に吹上の砂丘を辿ったであろうと推定した。それゆえ、和歌浦行幸に従駕した貴族たちが、吹上の景観を発見したのであろうと提言した。すなわち、名勝吹上は、和歌浦に付随して名勝となりえたものと考えた。

ただ、注意を要することは、「いほぬし」によると、主人公の世捨て人は先に指摘したとおり、たしかに吹上に野宿しているようである。しかし、和歌浦を訪れた様子が認められない。もちろん、和歌浦を訪れながら書き漏らした可能性は完全に否定できないだろう。しかし、「いほぬし」全体をとおして読むと、その沿道の名勝をかなり詳細に記していることから、彼が万葉以来の名勝である和歌浦に足を運んだならば、おそらく書き漏らすことはなかったものと思われる。したがって、ほとんどの史料が和歌浦と吹上を対にしながらも、この「いほぬし」の主人公は、和歌浦に眼もくれずに熊野参詣の旅をいそいだものと思われる。

それは、この主人公が、文中で「人々もろともになどいふもの有けれど、我心ににたるもなかりければ」というほどの変人だったからかもしれない。吹上を訪れながら、和歌浦に遊ばなかったのは、そのような変人のなせる業だったのかもしれない。このように考えると、この主人公が和歌浦を訪れなかったのは、当時としてはまったく例外のことだったのかもしれない。

しかし、この主人公はいかに変人といえども、和歌浦遊覧のついでに吹上を遊覧したのではなく、間違いなく吹上を目的地の一つにしていたといえるだろう。和歌浦に付随して名勝となりえた吹上は、「いほぬし」の著された十世紀後半ころには、和歌浦から独立した名勝としての立場を得ていたものと考えてよいだろう。

注

（1）　小山靖憲「中世の参詣記にみる和歌浦」（『和歌の浦　歴史と文学』、和泉書院、一九九三）は、「和歌浦と吹上げ浜をセットにして訪れることが平安時代中期以降、中世を通じての慣行として定着する」とする。

（2）森守『六義園』（財団法人東京都公園協会、東京公園文庫一九、一九八一）に引用された「六義園の記」によると、第六十三境として「吹上浜」をあげ、吉保自身が「和歌の浦にある名所なり」と注釈をつけている。このことから、吉保は吹上を和歌浦の部分地名であると理解していたことがわかる。

（3）「いほぬし」は『群書類従』第十八輯所収による。なお、その成立については所収の和歌の成立年代から、一般的に天暦十年（九五六）から正暦五年（九九四）であろうと思われる。したがって、「いほぬし」に描かれた吹上の情景は、十世紀後半のものと考えられる。

（4）「公任卿集」は『群書類従』第十四輯所収による。なお、藤原公任は、康保三年（九六六）に生まれ、長久二年（一〇四一）に没しているので、彼の描いた和歌浦・吹上の情景は、ほぼ十世紀末から十一世紀前半の状況であろう。

（5）日下雅義「紀ノ川の河道と海岸線の変化」（『歴史時代の地形環境』、古今書院、一九八〇）による。

（6）『紀伊続風土記』の「吹上」の項によると、「後世に至りて地形又一変して、海水益西に退きて、古の海浜唯広き白砂の地となりて、海浜へは三十町許も隔たり」と記し、周辺の陸化の様子を述べている。

Ⅱ　中世史の中の和歌浦

第一章　寺社参詣と和歌浦

はじめに

熊野参詣と高野参詣は、平安時代から隆盛をきわめた。そして、その途次に名勝和歌浦を訪れる参詣者の記録は、きわめて多くみられる。そのことについては、すでに種々の参詣記を詳細に分析した小山靖憲氏の精緻な研究がある。[1] しかし、なにゆえに、参詣者たちは和歌浦を訪れたのであろうか。

それは、参詣を行った貴族たちが、名勝和歌浦にあこがれていたからである。このことは決して否定することができないだろう。しかし、ただそれだけであろうか。参詣者が和歌浦を訪れることに、何らかの法則性はないのだろうか。そして、多くの参詣者が和歌浦に遊覧していることは、これまでにも度々触れられてきた。[2] しかし、むしろ訪れることのなかった参詣者の記録との比較がなされてはいなかったのではないだろうか。

和歌浦を訪れた参詣者の記録と、和歌浦を訪れなかった参詣者の記録を、比較することによって、和歌浦を訪れた参詣者たちが、和歌浦に何を求めて遊覧したのかを知ることが出来るのではないだろうか。小稿は、以上のような問題意識のもとに、小山氏の研究を基礎として、寺社参詣を行った参詣者が、和歌浦に遊覧した背景を考察したい。

1　熊野参詣と和歌浦

歴史上、はじめて熊野参詣を行った記録を残しているのは、宇多法皇である。『日本紀略』延喜七年（九〇七）十月三日条に「法皇、紀伊国熊野に幸す」と、きわめて簡潔に記されている。一方、このことは『扶桑略記』（国史大系）にも見え、法皇が同月二十八日に帰京したことがわかる。しかし、その路次の詳細がわからないため、法皇がこの往還に和歌浦を訪れたか否かはわからない。

その往還の次第が、比較的詳しく記されている初期の参詣記として、藤原為房の日記「大御記」（『田辺市史』第四巻所収、京都大学国文学研究室所蔵自筆本）がある。彼は、永保元年（一〇八一）九月二十一日に出洛し、十月五日に本宮に奉幣を遂げ、同月十三日に帰洛している。(3)その往還の次第は比較的詳しく記されているが、和歌浦を訪れた記録を見ることはできない。もちろん、記録がないからといって、為房が和歌浦を訪れなかったと断言することはできないかもしれない。

為房の熊野参詣の往路を見ると、九月二十五日に紀伊国に入って雄山口湯屋に到着している。二十六日には迂回して日前宮への参詣を行っている。そして、その日は藤代に宿ってい る。後代ではあるが、後鳥羽上皇の建仁元年（一二〇一）熊野参詣の様子を記した「熊野道之間愚記」（『和歌山県史』古代史料二所載史料）によると、後鳥羽上皇はこの時の熊野参詣に際しても、藤代に投宿している。そして、前日は和泉国信達に投宿していることから、この日は信達から藤代へと移動したことになる。この行程を参考にすると、為房のこの日の行程は、かなり余裕があったと思われることから、和歌浦に立ち寄った可能性は一概に否定できないであろう。

しかし、為房はこの日日前宮に参詣したことを、その日記に「故に日前・国懸両社に参り奉幣す」（原漢文）とわざわざ記しているのである。[4] すなわち、彼は熊野参詣道を墨守して歩んでおり、その参詣道からいささかでも逸れることがあった場合は、「ことさらに」と注記しているのである。もし、往路で彼が和歌浦を訪れたのであれば、「故に和歌浦を訪ふ」と記したのではないかと思われる。したがって、為房はその熊野参詣の往路において、和歌浦を訪れてはいなかったと判断したい。

それでは、為房が復路で和歌浦を訪れた可能性はあるだろうか。彼は、十月十日に有田郡宮原庄に投宿している。そして、十一日に宮原庄を出発した彼は、その日のうちに和泉国信達庄の大工の家に投宿しているのである。これを、後鳥羽上皇の熊野参詣の復路行程と比較すると、ほぼ二日間の行程を急いだことになる。これほどの強行軍を行った為房が、復路で和歌浦を訪れたと考えることには無理があるだろう。結局、為房はその熊野参詣の往路でも復路でも和歌浦には立ち寄らなかったものと考えてよいだろう。

次に、藤原宗忠の日記「中右記」(増補『史料大成』)に見える熊野参詣と和歌浦の関係を見てみよう。宗忠は天仁二年(一一〇九)十月に熊野参詣に出発しているようである。しかし、冒頭の記述が失われており、彼が十月十八日に有田郡宮原庄を出発したところからの事情しか分からない。すなわち、往路で和歌浦の近くを通過した行程の詳細が不明である。そして、その復路の十一月六日に、橘下王子から参詣道を離れて西にむかい、海路和歌浦に至っている。復路で和歌浦を訪れていることから、おそらく往路では和歌浦を訪れなかったものと考えてよいだろう。その際の宗忠が眺めた和歌浦の情景は、非常に詳しく次のように述べられている(原漢文)。

海上を一時許り渡りて和歌浦に着く、巌石は色色にして、松樹は処々あり、地形は幽趣にして、風流は勝絶なり、海上の間自然と藤代山・和佐々加山過ぎ了《おわん》ぬ、未の刻、馬・下人等来たり合う、渡海して廻りたる浜也、次で馬に乗り卅町許り忩《にわか》に行くの間吹上浜に来着す、地形の体を為すこと、白砂は高く積り、遠く山岳を成すこと、三四十町許り、全く草木無く、白雲を踏むが如し、誠に以て希有なり、此地の勝絶たること、

筆端に能わず、

記述の多くは、吹上浜の情景に費やされているが、和歌浦では、その岩や樹木を眺め、「地形は幽趣にして、風流は勝絶なり」と絶賛しているのである。そして、往路の難行を凌いで越えた藤代（藤白）峠が、海上から眺めれば、わずかの時間で過ぎ行くことを確認している。そこには、すでに修行を終えた開放感さえもが感じられるのである。しかも、和歌浦・吹上浜を遊覧する叙述の中には、それが信仰の旅路であることを感じさせるような記述は、一切認められないのである。

ただし、「中右記」の天仁二年の参詣以後に残された熊野参詣記を見ると、それほど和歌浦を訪れた記録がないことに驚かざるを得ない。例えば、後鳥羽上皇の熊野参詣を詳細に記録した「熊野道之間愚記」には、往路でも復路でも一行が和歌浦を訪れたとする記載はない。日前宮に定家を代参させる一方、上皇自らはかたくなに熊野参詣道を遵守したのであろう。

しかし、「熊野御幸略記」（『和歌山県史』古代史料二）によると、往路の十月九日に藤代王子社で盛大な和歌会が催され、上皇に付き従った人々が、多くの和歌を詠じていることがわかる。その中には、藤代から遠く眺めることのできる和歌浦を詠じた和歌も多くみられる。これらのことから、後鳥羽法皇一行は名勝和歌浦に心を惹かれながらも、あえて和歌浦を訪れなかったものと思われる。

また、室町時代の室町幕府三代将軍足利義満の側室である北野殿が、熊野参詣を行ったのは、応永三十四年（一四二七）九月のことであった。その参詣記である「熊野詣日記」（『田辺市史』第四巻）によると、往路で和歌浦近辺を通過した際の様子が、次のように記されている。

藤代たうげに片箱進上、守護方より御たる折済々まいる、此所の眺望いまさらならぬとも、誠ニ金岡か筆もおよハさりけんことハなり、和歌・吹上・玉津嶋御めのまへにみえたり、清水の浦はこの山つゝきのふもとなり、こまやかなる風情、絵にもかきと〻めかたし、

すなわち、後鳥羽上皇も北野殿も、間違いなく藤代峠から名勝和歌浦を眺めていたのである。しかし、後鳥羽上皇の熊野参詣記を見ても、北野殿の参詣記を見ても、両者が往路もしくは復路で和歌浦を訪れたという記述を見つけることはできない。このことから、後鳥羽上皇も北野殿も、和歌浦に気を取られながらも、和歌浦には足を運ばなかったことになるであろう。

藤原為房は、熊野参詣道をかたくなに墨守して、脇見することなく参詣道を歩んだことを先に述べた。後鳥羽上皇も北野殿も、和歌浦に強く気を取られながらも、やはり熊野参詣道を墨守して、参詣道を歩んだのであろう。それは、熊野参詣そのものが、熊野三山の神々に奉幣を遂げることだけが最終的な目的ではなく、熊野参詣道を難行苦行して歩み、歩

を進めること自体が、熊野信仰もしくは熊野修行の本質であったからにほかならなかったからであろう(5)。

その意味では、藤原宗忠の熊野参詣復路での和歌浦遊覧は、極めて異例のことであったといえるであろう。それでは、彼はなにゆえに熊野参詣の復路で、和歌浦を訪れたのであろうか。そのことに関しては、高野参詣と和歌浦の関係を見ることによって、何らかの示唆を得ることが出来るのではないかと思われる。

2　高野参詣と和歌浦

高野山参詣で、最初に和歌浦を訪れた記録は、永承三年（一〇四八）十月の藤原頼通の「宇治関白藤原頼通高野山御参詣記」（『続々群書類従』五）である。彼は、十五日から十六日に高野山に参籠し、十七日に九度山の政所から川船に乗り、粉河寺に参詣したと記されている。その後十八日に再び船で、紀ノ川河口付近であろうと思われる紀伊湊に上陸後、馬で和歌浦に遊覧している。

是の行路の便は吹上浜・和歌浦を御覧ずるため也、巳刻の終りに湊口着御す、（中略）先づ吹上浜御覧ず、朱と紫袖を比べ、尊卑争ひ行く、時に蒼海は渺邈《びょうばく》として、清き砂は崔嵬《さいかい》す、天山の如く葱嶺《そうれい》に向ふに似たり、之の頃、雑賀の松原を経ぬる、和歌浦に向か

高野山壇上伽藍

わしめ給ふ、翠の松は盖《かさ》を傾け、白き浪は蹄を洗ふ、見る毎に風流の地勢に飽き、弥よ七宜の稟天然を感ず、猶吹上之浜・和歌之浦を指すに、山辺の説・柿本の調と雖も、此地に則ち難かるべし、しかのみならず轡を按《おさ》へ鞍を扣《ひか》へ、争ひて色々貝を拾ふの輩、已に老若を別かたず、各の志に任せ乗輿に乗るに及ぶの余り、殆ど日の暮れるを忘る、未刻に還りの御船に御す、

頼通が、天山山脈やパミール高原（葱嶺）を見たはずもないであろうに、吹上・和歌浦の風景をそれにたとえているのである。このことから、この記述には、かなりの誇張があるといわねばならないだろう。しかし、そのように感じられるほどに頼通一行はきわめて感激し、同行の人々は競うように先を急ぎ、さまざまな貝を拾うことに夢中になったのであろう。まさしく日の暮れるのを忘れるほどに、和歌浦の景観を堪能したことが詳しく記されている。

次いで、康治三年（一一四四）に高野山に参籠した藤原忠実も、和歌浦を訪れている。忠実の息子頼長の日記「台記」（増補『史料大成』）によると、二月十三日から七日間の参籠をしたのち、粉河寺を経由して和歌浦に遊覧している。その記述は、「又不木阿気（吹上）・和加浦（和歌浦）を眺望し云々、周穆之昔に法るか」ときわめて簡潔であり、和歌浦の情景については、頼通ほど詳細な描写をしてはいない。しかし、中国周王朝の五代の王である穆が、馬を駆って西に遊び、あまりの楽しさに帰ることを忘れたという故事を引用している。このことから、忠実も頼通たち一行と同様に和歌浦で時間のたつのを忘れるほどに堪能したであろうことがわかる。

さらに、「台記」によると忠実の息子である頼長も、久安四年（一一四八）三月に、やはり和歌浦を訪れている。彼は、三月十五日に高野山に参詣し、十七日に粉河寺に詣でている。そして、十八日に「吹上浜・和歌浦見て、羽崎（吐前）に帰る」と簡潔に記しており、具体的な和歌浦の情景を彼がどのように感じたかを知ることはできない。このように時代を追うに従って、和歌浦遊覧の記述内容が、きわめて簡潔になるのである。これは、高野参詣の後に和歌浦を訪れることが、半ば慣例化したからではないかと思われる。慣例化したからこそ、過去に和歌浦を訪れた人々の記録を、参詣者たちは事前学習していたのではないかと思われる。そのため、自分が和歌浦を目の当たりにしたときの感情は、すでに過去に訪れた人々のそれと通じるものがあり、特筆して記すほどにはいたらなかったのではないかと思われる。

したがって、これ以後の高野山参詣記に、和歌浦を訪れた記述が少なくなるが、それは決して和歌浦を訪れなかったことを、積極的に示すものではないだろう。それゆえ、和歌浦遊覧が慣例化したため、あえて記さなかった可能性のあることを指摘しておきたい。戦国時代の大永四年（一五二四）四月に高野山に参詣した三条西実隆は、その参詣記「高野山参詣日記」（『群書類従』十八）によると、その二十六日に根来寺十輪寺で、「これより和歌・吹上も見侍れかし」と勧められたが、彼は先を急いでいたため、それを果たさず帰洛の途についている。このことを見ても、高野山参詣の帰途、和歌浦を訪れることは、支障の無い限り慣例化していたとみることができるであろう。

以上みてきたように、高野山への参籠の帰途、和歌浦に遊覧することは、半ば慣例化していたものと思われる。これは、高野参詣そのものが高野山に参籠することに意義があり、その復路は信仰の儀礼が終了してのちのことだったからであろう。このように見ると、熊野参詣の復路で和歌浦に遊覧した藤原宗忠の行為は、ひときわ異例なものであるといえるであろう。それでは、藤原宗忠や藤原頼通たちは、なにゆえそれぞれの参詣の復路で、和歌浦に遊覧したのであろうか。このことについて考えてみたい。

3　和歌浦遊覧の意味

「大御記」によると、為房は永保元年九月に熊野参詣に赴いた。それに先立ち九月十三日から出仕を慎んだ。「熊野詣を企つるに依ってなり」とあることから、この日に熊野精進にはいったのである。しかし、翌日から山門と寺門の抗争が勃発し、十五日には止むを得ず朝廷に出仕しなくてはならなくなった。そのため、同日の日記には「精進を延引せしむ」と記されている。このことからも、十三日から出仕を慎んだのは、熊野精進に入ったためであったことがわかる。

このため、為房は九月十七日から改めて熊野参詣のための精進に入った。彼は、自宅屋敷内の南隣の小屋で二人の息子とともに改めて熊野精進をはじめた。小屋には注連縄が引き結ばれ、毎日みそぎ祓いを続けたことが記されている。そして、熊野精進を終えた彼は、二十一日に無事出洛して、熊野参詣道を歩み始めたのである。熊野参詣を終えた為房は、十月十三日に無事に帰洛したが、その日の様子は次のように記されている。

戌剋に稲荷社に参り奉幣す、是れ例の事なり、椙《すぎ》の枝を取りて笠に挿す、同剋に帰洛す、先ず精進屋に到りて解除す、次いで本所に向かいて休息し了ぬ、今度の修行は兼日之支度の如く事毎に物吉なり、

稲荷社を経由して、自宅にたどり着いた為房は、なにをおいても最初に「精進屋」へと向かったのである。この「精進屋」とは、熊野精進を二人の息子とともに行った「南隣小屋」

であろう。そして、その小屋で「解除」すなわち祓いをしたのである。為房の熊野参詣は、この「解除」によって完結したのである。この小屋での「解除」が解斎を意味するものと思われる。熊野精進を始めてから、この日の解斎までの間、為房の熊野参詣の修行は継続していたのである。そしてこの日、ようやく解斎を行うことによって、その緊張を解くことができたのである。

それでは、宗忠の場合はどうであろうか。残念ながら、「中右記」に記された宗忠の熊野参詣の記述は、先述のように、出洛から宮原庄を出発するまでの間が欠けている。このため、熊野精進や出洛の状況を詳細に知ることはできない。ただ、宗忠が熊野参詣を思い立ったのは、天仁二年が最初ではなかった。「中右記」によると、為房が熊野参詣に出発した永保元年に、二〇歳の宗忠も熊野参詣をこころざし、熊野精進を始めたことが詳しく記されている。(6) しかし、精進屋に「犬の死の穢れ」が持ち込まれたため、精進を中止せざるを得なくなり、熊野参詣を断念したことが記されている。したがって、「中右記」の記述が欠落してはいるが、天仁二年の熊野参詣のための出洛直前にも、宗忠は為房同様に熊野精進を行ったことは間違いないだろう。

しかし、十一月十日に帰宅した時の様子を見ると、「午刻に家に帰る、小僧を引きいて菓子を供す」とあるだけで、正式な解斎を行った様子が見られないのである。(7) 熊野参詣の出発に際して精進を始めながら、帰宅後解斎を行ってはいないのである。宗忠の熊野修行の緊張は、この日以後も継続したのであろうか。それとも、この日以前にすでに解斎を終えていたのであろうか。

そこで、眼を引くのが、先に見たように、宗忠が復路で訪れた和歌浦での遊覧である。海路和歌浦を訪れる間、往路で難路を凌いで越えた藤代峠を、海上から眺めながら短時間で過ぎえたことを述懐している。まさしく、彼の意識の中で最早熊野修行は完了していたかのようである。しかも、その述懐は海路和歌浦に到着した後に記されているのである。すなわち、和歌浦に到着した後に、自分が海路でそこに到着したこと、そして往路の藤代峠の険阻を回想しているのである。このことから、宗忠は海路和歌浦に到着したことをもって、熊野修行を完了としたものと思われる。すなわち、宗忠にとっては和歌浦遊覧が、熊野修行の解斎であるとみなされていたものと思われる。

このように考えると、高野参詣に際して和歌浦を訪れる貴族たちは、必ず往路ではなく、復路に和歌浦を訪れているのである。先にも述べたように、高野山参詣は参詣道を歩むことをも修行そのものとする熊野参詣とは異なり、高野山に参詣すること自体が主目的であった。それゆえに、高野山参詣の往還には、参詣者の嗜好によって種々のバリエーションがあったものと思われる。それゆえに、高野山参詣という仏教修行の緊張を解くための、解斎として、逸早く頼道によって和歌浦遊覧が復路で取り入れられたのであろう。

そして、そのような高野山参詣復路における和歌浦での解斎が、宗忠の熊野参詣の復路でも援用されたのではないかと思われる。平安時代から、高野山・熊野への寺社参詣が隆盛する。そのような機運の中で、古代以来の名勝和歌浦は、寺社参詣の解斎の場として認識されるようになったものと思われる。その背景には、和歌浦の景観が、神仏にもまさる優れたものであったからだろう。

おわりに

小稿では、平安時代以後隆盛した高野山参詣や熊野参詣の参詣者が、和歌浦を遊覧することの歴史的背景について考察を試みた。まず、熊野参詣の例を見て、最初の詳しい記述の見える藤原為房は、和歌浦を遊覧していなかっただろうと推定した。それに対して、天仁二年に熊野参詣を終えた藤原宗忠は、和歌浦に遊覧したことを紹介した。しかし、その後の熊野参詣では、名勝和歌浦を意識しながらも、それら参詣者は和歌浦を訪れなかったことを指摘した。

それに対して、藤原頼道以来の高野参詣の復路では、和歌浦に遊覧する参詣者の多いことを指摘した。この両者の違いは、高野山参詣が高野山に参詣すること自体を主目的としていたことに対して、熊野参詣は参詣路を難行苦行して歩み続けることそのものも修行であると認識されていたことを指摘した。このように考えたとき、藤原宗忠が熊野参詣の復路で、和歌浦を遊覧したことの特異性を指摘した。

次に、和歌浦を遊覧しなかった為房の熊野参詣と、和歌浦を遊覧した宗忠の熊野参詣のそれぞれの事情を比較した。為房も宗忠も熊野参詣に先立って、熊野精進を行って熊野参詣に旅立っていることを指摘した。そして、為房は熊野参詣終了後自宅で解斎を行っているが、宗忠は正式な解斎を行ってはいないことを指摘した。

加えて、宗忠の和歌浦遊覧の記述から、和歌浦遊覧そのものが、宗忠にとっての解斎であったこと指摘した。さらに、高野山参詣の参詣者が、和歌浦に遊覧するのも、必ず復路であることから、解斎の意味が込められていたものと指摘した。そして名勝和歌浦は、平安時代以後中世の寺社参詣者にとって、解斎の場としての性格を付加させたものと考えた。その背景には、名勝和歌浦の景観美が、神仏にもまさる魅力があったからであろうと提言した。

注

（1）小山靖憲「中世の参詣記にみる和歌浦」（『和歌の浦　歴史と文学』、和泉書院、一九九三）。

（2）拙稿「和歌浦の歴史的景観を考える」（『和歌山地方史研究』十六号、一九八四）。

（3）為房の熊野参詣の特徴については、拙稿「「為房卿記」にみえる熊野詣について」（『和歌山地方史研究』六、一九八二、のち「「為房卿記」にみえる熊野参詣」と改題して『古代熊野の史的研究』、塙書房、二〇〇四）を参照されたい。

（4）「大御記」永保元年九月二十六日条には、「今日、国府南路を径て、故に日前・国懸両社へ参り奉幣す」とあるが、この「故」は本来遵守するべき熊野参詣道を、奉幣のために逸れたために「ことさらに」と記したものと思われる（前掲注3）。

（5）「中右記」天仁二年十月二十日条によると、「今日の行程は百七十町許りなり云々、本支度の二ケ日の行程也、而て一日の中に早く来着す、誠に権現の冥助也」と記されており、ここからも参詣道を歩むこと自体が修行であったことがわかる。

（6）当初の宗忠の熊野精進の様子は、戸田芳実『中右記―躍動する院政時代の民衆』（そしえて、一九七九）に詳しい。

（7）「中右記」天仁二年十一月十日条の「初て魚味を食す也、是れ定まりたる事」とあり、この日まで精進のため魚を食さなかったことがわかるが、「是れ定まりたる事」と記していることから、それが解斎であるとの認識はなかったものと思われる。

第二章　新玉津島神社と和歌浦

はじめに

京都市右京区に新玉津島神社のあることは有名である。その所在する町名も、玉津島町である。社伝によると、文治二年（一一八六）に藤原俊成が、自らの屋敷に和歌浦玉津島神社の祭神である衣通姫《そとおりひめ》を勧請して、成立させたものが、新玉津島神社であるという。文治二年といえば、平氏が壇ノ浦で滅亡した翌年のことである。洛中では、源頼朝と源義経の不和が表面化し、政界は右往左往していた時代である。

もちろん、『平家物語』（岩波古典文学大系）巻七「忠度都落」によると、平家が都落ちした寿永二年（一一八三）の騒乱状態の京都にあって、藤原俊成と平忠度《ただのり》が和歌の贈答を密かに行ったことが伝えられている。このことから、文治二年の混乱の中にあっても、藤原俊成ならば、玉津島神社の祭神を洛中に勧請したかもしれない。むしろ、その方が俊成らしくも思われる。しかし、俊成が文治二年に新玉津島神社を成立させたということを伝えるたしかな史料を、管見に入るところまったく確認することができないのである。そこで、この社伝は本当に正確なものなのだろうか、という疑問を感じるのは私だけではないだろう。

そこで、前述の社伝を確認した上で、新玉津島神社勧請に関するたしかな史料に基づいて、その経緯を確認したい。そして、鎌倉時代に和歌浦で催された「玉津島歌合」と南北朝時代に京都で催された「新玉津嶋社歌合」を比較してみたい。そのことによって、新玉津島神社にどのような要素が求められていたのかを明らかにすることができると思われるのである。これらを確認した上で、新玉津島神社勧請の歴史的背景を考察することにしたい。

1　新玉津島神社勧請の経緯

新玉津島神社については、日本史関係の相当大部な辞典にも、立項さえなされてはいない。管見に入るところでは、『京都市の地名』（平凡社、日本歴史地名大系第二七巻、一九七九）という地名辞典に、「新玉津島神社」の項目が建てられており、上述の社伝にほぼ一致する見解が紹介されている。しかし、その典拠となる史料は残念ながら全く提示されていない。

また、元禄期の柳沢吉保に和歌を伝授した北村季吟《きぎん》を論じる島内景二氏は、その著書の中で、季吟が新玉津島神社の社司をしていたことを述べる際に、簡単に新玉津島神社の由来を紹介されている。(1)ただし、「新玉津島神社は、藤原定家の父である藤原俊成の旧宅の跡地に建てられたと、信じられていた。室町時代には、定家の子孫の二条家の和歌を学んだ頓阿《とんあ》

（一二八九～一三七二）の子孫たちが、足利将軍の庇護を受けて、代々この新玉津嶋神社を守った」と記しておられる。ここでは、あくまでもそのように信じられていたとするのみに過ぎないのである。おそらく、島内氏も社伝の根拠となる確かな史料を確認することができなかったものと思われる。

その社伝とはどのようなものなのだろうか。京都市右京区玉津島町の新玉津島神社社頭の鳥居に向って左手に、京都市が建てた木製墨書の説明板がある。そこには、新玉津島神社創建の次第を、次のように記している。

新玉津島神社

この神社は、文治二年（一一八六）後鳥羽天皇の勅命により、藤原定家の父で平安末期から鎌倉初期の歌人として名高い藤原俊成が、五条大路（現在の松原通）烏丸から室町にかけての自分の邸宅地に、和歌山県和歌浦の玉津島神社に祀られている歌道の神（衣通郎姫）を勧請したことに由来する。

新玉津島神社（京都市）

この内容は、先に指摘した地名辞典の記述内容と一致しているばかりではなく、根拠として後鳥羽天皇の勅命によっていることを提示している。これこそが、社伝の要約であると考えてよいであろう。しかし、その提示された後鳥羽天皇の勅命とは、いかなるもので、いかなる史料として残っているのかという点については、まったく触れられていないのである。何よりも、この社伝を私が疑問に感じるのは、文治二年に成立したとされる新玉津島神社が、管見に入るところ、鎌倉時代のいかなる史料にもまったく見出すことができないことである。

勅命で勧請された神社の動向が、その後二百年近く史料にまったく見えないことから、この社伝の信憑性に疑問を感じざるを得ないのである。それでは、たしかな文献史料に新玉津島神社が見えるのはいつのことであろうか。南北朝時代の貞治六年（一三六八）三月に、時の将軍足利義詮によって大々的に催された「新玉津嶋社歌合」と、それに関わる日記類に見える史料が、新玉津島神社の存在を語る歴史上最初の史料ではないかと思われるのである。

「新玉津嶋社歌合」は、貞治六年三月二十三日に催されたことがわかる。これに関して、三条公忠の日記『後愚昧記《ごぐまいき》』（『大日本史料』第六編之二七）同年三月二日条に、次のように記されている（原漢文・仮名交じり文）。

三月二日に、頓阿法師当時第一の歌人也、状を進る女房に付す也、表書は、御局へ申させ給へ、云、将軍新造の玉津島社において歌合有るべし、御結縁有るべしの由、大樹（足利義詮）

より伝え申すべしの由云々、題に云、浦霞・尋花・神祇等也、来る五日以前に云々、卒爾に堪え難きと雖も、詠ずべきの旨示し了ぬ、

これによると、当代和歌の四天王と称された頓阿法師を通じて、足利義詮が新玉津島神社で歌合をするので、参加するようにと公忠に依頼があったということである。歌題は、「浦霞・尋花・神祇等」で、来る五日以前に回答するようにと要求されたということである。実際に催された「新玉津嶋社歌合」（『群書類従』第十三輯）の歌題もこの通りであり、内容は合致している。なお、公忠はその日記によると、三つの歌題それぞれに一首の和歌を詠じて、それを認めた懐紙を頓阿法師の下に届けさせている。

このことから、「新玉津嶋社歌合」は、将軍義詮が主催者であったことは間違いないだろう。そして、頓阿法師がプロデューサーに任じられたものであると思われる。実際に、歌合では頓阿法師が右方の詠者として列席しており、頓阿の息子の経賢《けいけん》が左方の詠者として列席している。頓阿法師は、この歌合にプロデューサーとして、かなり深く関わっていたことは確かなことであろう。

ところで、この日記の記述でひときわ注目すべき文言は、「新玉津島社」に「将軍新造」という注記が施されていることである。貞治六年における将軍は室町幕府第二代将軍の足利義詮であるから、「新玉津嶋社歌合」は、将軍が新たに創建した新玉津島神社の落慶を記念

して開催されたものと理解することもできるだろう。鎌倉時代の史料に一切見ることのできない新玉津島神社が、貞治六年以後史料に散見できることから、このように理解する方が、まことに整合的ではないかと思われる。

ただ、「将軍新造」とはいうものの、藤原俊成が勧請してのち、それまで存在していた新玉津島神社を、将軍義詮が改めて「新造」したという程度の意味だという可能性もあるだろう。しかし、このことに関して、「吉田家日次記」（京都大学国史研究室所蔵、『和歌山市史』第四巻所収）の永徳三年（一三八三）八月九日条に、次のような記述が見える（原漢文）。

今日、五条烏丸の新玉津嶋社、一条万里小路に遷さる、一条西南の頬の西、万里小路東富小路なり、此間は日吉神輿の行事所の跡也、行事所屋においては、一昨日に壊し退く、別当按察僧都経賢の奉行すところ也、此子細は定めて室町殿に申し入るるか、但し先年已に落居と云々、此の社の事は故民部卿為明宗匠之時、頓阿法師経賢之父なり、建立す、則ち経賢を別当職と為し遷官す、和歌、二条殿以下諸人詠進せらる、已下沙汰致し畢ぬ、但し社においては、元来辻の如くに在らばと云々、新拾遺集撰歌之比、落書之長歌流布せしむと云々、今此所に遷さるる旨趣、未だ知らず、宗匠においては甘心せられずと云々、

後に聞く、当社は去る永和二年　月　日に炎上之後、経賢僧都が仁和寺の山庄葵化園

に遷し奉ると、其より又此所に遷し奉ると云々、

これによると、この日五条烏丸に所在した新玉津島神社が、頓阿の息子である経賢の指揮のもとで、一条万里小路に移転されたことがわかる。もっとも、「又此所に遷し奉る」とあることから、その後、もとの場所に再度移転したようである。ただ、ここで最も注目すべきは、その新玉津島神社の由来について、「頓阿法師経賢之父、建立」と記されていることである。すなわち、新玉津島神社は頓阿法師が建立したと明記しているのである。「後愚昧記」の「将軍新造」の記述と比べ合わせると、「新玉津嶋社歌合」と同様に、将軍足利義詮が施主となり、頓阿法師がプロデュースして、新玉津島神社が創建されたと考えることができるだろう。

それでは、文治二年に藤原俊成がその邸宅に、自ら和歌浦玉津島神社を勧請したという社伝は、どのようにして生まれたのであろうか。室町将軍義詮の命を受けて、京中に新玉津島神社を創建すべく、プロデューサーに任じられた頓阿法師は、まずその社地をどこに選定するべきかと熟考したことであろう。和歌浦の玉津島神社を勧請するにふさわしい社地を選定する必要があったものと思われる。

しかも、それは和歌に精通した京都の公家たちさえもが、「なるほど」と納得する場所でなくてはならなかったことは言うまでもないことだろう。そこで、南北朝時代において、歌

聖とあがめられていた藤原俊成の邸宅跡である五条烏丸に選定したのではないかと思われる。その社地が、俊成の邸宅跡であったと喧伝されたことから、そのような付会の説が生まれたものと考えてよいだろう。

また、そのような付会の説が流布されるようになった後に、俊成が勧請したのであれば、源平の争乱が一段落した文治二年あたりが至当であろうと考えたのではないかと思われる。これが、たしかな史料を伴わない社伝成立の背景ではないかと思われる。ただ、藤原俊成の邸宅が、本当に五条烏丸にかつて所在したのかについても、たしかな史料で確認することは出来ない。それでも、当代一流の歌人である頓阿が、そのように主張したのならば、表立って否定されることはなかったであろう。

ともあれ、新玉津島神社は、室町幕府二代将軍足利義詮が施主となり、当時和歌の四天王の一人と称された頓阿法師のプロデュースによって、貞治六年もしくはその直前に勧請されたものと考えるべきであろう。そして、その勧請を記念して催されたものが、「新玉津嶋社歌合」であったと考えてよいであろう。

このように考えるならば、新玉津島神社を最も必要と感じた人物は、それを施主として創建した義詮であったと考えられるだろう。それでは、義詮はなにゆえ和歌浦の玉津島神社を、京都に勧請する必要があったのだろうか。このことに関して、京都の歌道界の時代的な変化を読み取るために、鎌倉時代に和歌浦で催された「玉津島歌合」と、南北朝時代に将軍義詮が創建した京都新玉津島神社で催された「新玉津嶋社歌合」とのそれぞれの参加者を比較してみたい。

2　玉津島歌合と新玉津嶋社歌合

「玉津島歌合」（宮内庁書陵部所蔵「類聚歌合十二ケ度」の内、『和歌山市史』第四巻）は、鎌倉時代の弘長三年（一二六三）三月に、和歌浦玉津島で催された歌合である。左方の詠者は、正二位中納言藤原為氏を筆頭に一一人が列座した。右方の詠者は、安嘉門院三条を筆頭にやはり一一人が列座した。左右に列座した総計二二人は、すべて公家・神官・僧侶で、一人も武家が含まれてはいなかった。これらの人々が、和歌浦の玉津島神社まで、京都から連れ立ってやってきたのである。

一方、貞治六年の「新玉津嶋社歌合」では、左方の詠者として関白従一位二条良基を筆頭に三三人が列座した。そして、右方には従一位前関白近衛道継を筆頭に三三人が列座した。遠方の和歌浦ではないためか、総勢六六人が列座するという大規模な歌合であった。ここで注目すべきは、その中に、左方詠者として将軍義詮や赤松則祐など、明らかに室町幕府官僚と思われる武士が、少なくとも五人以上が列座している。

また、右方の詠者として、将軍義詮の補佐役を自認する佐々木道誉をはじめとする武士たちが列座している。さらに、僧侶の中には、先にみたように頓阿法師やその息子である経賢のような、室町幕府や将軍に奉仕する立場の人物たちが見えるのである。すなわち、鎌倉時代の歌道界は、まったく公家たちの占有するところであったが、南北朝時代になると歌道界に武家たちが進出していることが、明らかに認められるのである。鎌倉時代にも京都には六波羅探題が置かれ、鎌倉幕府官僚の武士たちが間違いなく洛中に存在していた。しかし、政権の中枢は京都からははるか離れた鎌倉にあり、京都に留め置かれた武士たちも、「坂東武者」を標榜する人々であった。彼等は、あえて公家と交わり、和歌をやり取りする関係ではなかったのだろう。むしろ、彼等は公家を監視するという立場で、一定の距離を置いていたのではないかと思われる。

しかし、足利尊氏が京都に、武家政権の中枢を置くようになると、武家政権の中心人物が、洛中を闊歩するようになり、公家たちと頻繁に交流することになるのである。歌道界に武家が親しむようになることは、当然の成り行きともいえるだろう。ただしこの場合、武家政権が公家の占有していた歌道界に能動的に近づいたのであろうか。それとも、京都に武家政権を打ち立てた武家層を、公家たちが積極的に取り込もうとして、公家たちが歌道界に室町幕府官僚たる武士たちを誘導したのであろうか。

「新玉津嶋社歌合」は、将軍足利義詮によって主催されたことは、「後愚昧記」貞治六年三月二日条に「自大樹（足利義詮）より伝申べきの由」とあることから明らかであろう。それでは、義詮は公家たちから勧められてこの歌合を催したのであろうか。それとも、義詮になんらかの必要性があって歌合を催したのであろうか。もし、義詮に何らかの必要性があったとするならば、それはいったい何だったのだろうか。

このことについて、前掲の「後愚昧記」に、「来る五日以前に云々、卒爾に堪え難きと雖も、詠ずべきの旨示し了ぬ」と記されている。三月二日に頓阿法師を通じて、歌合への参加と懐紙の提出を求められたのである。しかも、来る五日までにそれを行うように求められたのである。それに対して、公忠はあまりにも突然なことで、不快に感じながらも応諾したことを、日記に吐露しているのである。二日に初めて案内が来て、五日に懐紙を提出しろというのは、いささか性急に過ぎるかもしれない。このことについて、公忠は不快感を抱いたものと思われる。

当時公家の中枢に位置した三条公忠が、このように若干の不満を日記にとどめているのである。もし、この歌合が公家の勧めで、将軍義詮によって開催されるものだったのであれば、決してこのような不満を日記に記すことはなかったであろう。このことから、この歌合は武家政権の中枢に位置していた将軍義詮が、公家たちの思惑とは別に、能動的に開催したものであると判断できるであろう。

なお、この「新玉津嶋社歌合」に参加を求められた公家たちは、公忠の感情とは多少の差があったかもしれないが、公忠と同様に不満な感情を抱いたのではないかと思われる。前関白近衛道嗣の日記「愚管記」（『続史料大成』）の貞治六年三月二十六日条には、「忩《にわか》に詠み給うべしとの由、重ねて命あるの間、忩に詠み遣わすの由、返答し畢《おわん》ぬ」（原漢文）とある。道嗣も公忠と同様に懐紙の提出を求められたようである。しかし、「重ねて命あるの間」とあるように、度々の催促によってやっと返答をしたというのである。もし、この歌合が公家たちの誘導によって催されたのであれば、その公家たちの中枢にいる道嗣は、再三の要求を待つまでもなく、喜び勇んで懐紙を頓阿法師の下に届けたことであろう。このことから、道嗣も武家の催すこの「新玉津嶋社歌合」に、それほど積極的ではなかったと判断してよいだろう。

これらのことから、総じて公家たちは、武家の催す歌合には、不満とはいえないまでも、消極的であったと判断することができるだろう。それでも、公忠は不快を感じながらも応諾したのである。道嗣も再三の催促によって、懐紙を頓阿法師のもとに届けたのである。その背景には、当時いまだ和歌に精通していない武家たちを蔑視する意識があったのかもしれない。それでも、武力をもって京都の町を制圧している室町幕府将軍家に、あからさまな抵抗を行い得ない厳然とした事実の前に、公家たちはその要求に応じなくてはならなかったものと思われる。

将軍義詮は、このような公家たちの潜在的な抵抗の存在していることを、むしろ熟知していたものと思われる。そして、そのような抵抗が存在していたとしても、この歌合を催す必要性を感じていたと思われるのである。公家の抵抗と義詮の意欲とを融合させる手立てとして、当時和歌の四天王の一人に数えられた頓阿法師が、義詮によってこの歌合のプロデューサーとして起用されたのであろう。頓阿法師は、藤原公忠がその日記の中で、「当時第一の歌人也」と評せられた人物であり、公家たちの間でも、高く評価されていたのである。当時の歌道界をリードする頓阿法師がプロデュースする歌合を、公家たちも無視することは出来なかっただろう。

頓阿法師は、文安二年（一二八九）の生れなので、このとき八〇歳の高齢であった[2]。彼は二条為世に師事し、二条流の和歌の再興者といわれ、当時の歌道界における第一人者であった。公家たちが義詮の催す武家の歌合に若干の不満を感じながらも、この歌合のプロデューサーが頓阿法師であるがゆえに、あからさまな不満を打ち明けることなどできるはずもなかったであろう。また、そのことを見越した上で、義詮は頓阿法師をプロデューサーに起用したのであろう。

小稿は、これまで新玉津島神社の勧請も、新玉津嶋社歌合の開催も、室町幕府将軍足利義詮の発意によるもので、ともに頓阿法師がプロデュースしたものであろうと推定した。すなわち、義詮が能動的に京都の歌道界への進出を志したのであり、その露払いの役目を果たした人物こそが頓阿法師だったのである。

頓阿法師は、その露払いをする際に、和歌浦の玉津島神社を京都に勧請することと、その神社で盛大な歌合を行うというパフォーマンスを企画したことになるのである。彼は、そのことにどのような意義を感じていたのであろうか。頓阿法師の作歌は、「頓阿法師詠」（『中世和歌集室町篇』、岩波書店新日本古典文学大系四十七、一九九〇）として残されている。そこには三六八首もの作歌が記されている。その中の「雑部」で、住吉社と和歌浦を詠じた和歌が、次のように記されている。

二条入道大納言家、続千載集奏覧ののち、住吉の社にまうでて五百首講ぜられしに、

秋の神祇

この秋ぞ神のいがきにはふ葛のむかしにかへる道はみえける

おなじ時、玉津島社にて、言志一首を講ぜられしに、

いまぞしる和歌の浦波うき身にもかけける神のめぐみなりとは

「頓阿法師詠」（『中世和歌集室町篇』、前掲）のこの歌の題詞に付された脚注によると、千載集

四季部の奏覧は、文保三年（一三一九）に行われているので、この年の作歌かもしれない。しかも、住吉社での和歌は秋を詠んでいる。そしてそれに続いて、和歌浦玉津島神社に参詣して、和歌を詠じているのである。古代の天皇たちが和歌浦に行幸したが、それらの行幸がいずれも初冬に行われており[3]、頓阿法師はほぼその季節にあわせて和歌浦を訪れているのである。このことも、頓阿法師が和歌浦に精通していることを示す一例であろう。

このころ、京都から和歌浦を訪れる人は稀であったと思われる[4]。何よりも、和歌をたしなみ、和歌浦にあこがれる京都の公家たちは、経済的に困窮しており、それほど簡単に和歌浦を訪れることなどできなかったのである。その和歌浦を、頓阿法師自身が訪れているのである。頓阿法師が、和歌浦を自ら訪れて、そのことを自詠の和歌の題詞に認めているのである。このひとことをもってしても、頓阿法師が京都の歌道界の中で、和歌の聖地和歌浦や玉津島神社に最も精通した人物と目されたであろう。

和歌浦・玉津島神社に精通した頓阿法師が、京都の五条烏丸に新玉津島神社の勧請をプロデュースし、「新玉津嶋社歌合」をやはりプロデュースしたのである。和歌浦や玉津島神社を訪れたことのない、多くの公家たちは、頓阿法師のプロデュースした舞台の上に列座して、自分たちがあこがれていた和歌浦を、疑似体験している気分に浸ることが出来たであろう。武家の催す歌合への公家たちの抵抗は、これによってかなり抑えることが出来たのではないだろうか。これこそが、将軍義詮が頓阿法師をプロデューサーに起用した最大の要因であったといえるだろう。

3　武家政権と和歌浦

室町将軍足利義詮は、頓阿法師をプロデューサーに起用した。そして、和歌浦から玉津島神社を勧請して、京都に新玉津島神社を創建させた。そして、その神社でこれも頓阿法師をプロデューサーとして、大々的な「新玉津嶋社歌合」を催したのである。それは、京都の公家たちが親しんできた歌道界に、室町幕府将軍自らが、積極的に参加することを目的としたものであったと思われる。そして、そのことに対する公家たちの抵抗を、最小限に抑えるため、それらのことを頓阿法師にプロデュースさせたのである。まことに用意周到であるといえるだろう。

義詮にとって、公家の占有する歌道界に自らが進出することを最終目的としたものと思われる。そしてそのための舞台が、和歌の神とあがめられる和歌浦の玉津島神社を勧請した新玉津島神社だったのである。さらに、その舞台となる神社で盛大な「新玉津嶋社歌合」を行うことが、目的を果たすための作戦だったのである。そして、公家たちが一目置かざるを得ない頓阿法師を、その舞台で作戦を実行する実戦部隊としたのである。まことに武家の棟梁

和歌浦玉津島社社殿（著者撮影）

たる足利将軍の周到な戦略であったと評しうるであろう。しかし、義詮はこれほどまでの苦労をしてまでも、なにゆえ公家たちの占有する歌道界に、自らの地歩を固めようと思ったのであろうか。

室町幕府は、南北朝の騒乱の中で、足利尊氏が建武三年（一三三六、延元元年）に、事実上京都を軍事制圧して成立した。そして、暦応元年（一三三八）に北朝の光明天皇から、尊氏が将軍宣下を受けて初代将軍となった。その後、延文三年（一三五八）の尊氏の死をうけて、その子息の義詮が二代将軍となった。新玉津島神社の創建も、そこでの歌合も、この義詮が室町幕府第二代将軍であった時代の出来事である。

室町幕府が名実共に成立したとはいえ、吉野に南朝が存在し、政治的な均衡はまことに微妙な状態であった。とくに、幕府内部の抗争とその間隙を突いた南朝の攻勢によって、貞和五年（一三四九）から文和二年（一三五三）に至るいわゆる観応の擾乱では、一時的にしろ、観応二年（一三五一）には、尊氏・義詮の父子が南朝に投降して、北朝の崇光天皇は南朝方に確保されることになる[5]。

その後、室町幕府内での抗争相手である足利直義を倒した尊氏は、京都で軍事政権を再建する。しかし、崇光天皇を失った尊氏にとって、最早自分が室町将軍の証しとなる北朝の天皇が不在であったのである。このため、尊氏は公家たちと計らって、崇光天皇の皇弟である弥仁親王を後光厳天皇として即位させ北朝を再建する。そして、尊氏は後光厳天皇の権威によって、自らを室町将軍として再び権威づけたのである。

すなわち、観応二年十一月から後光厳天皇が即位する文和元年八月までの約一年足らずの間ではあったが、室町将軍の証しともいうべき北朝の天皇が不在であり、室町幕府存続の理論的支柱が存在していなかったのである。この危機を打開するため、尊氏は前関白二条良基や観修寺経顕と相談し、光厳天皇・光明天皇の生母である広義門院を動かし、後光厳天皇の即位を実現させたのである。

室町幕府将軍の地位は、もちろん足利尊氏と彼を支える武士たちの軍事力によって、獲得したものであることは間違いないことである。しかし、その地位に理論的支柱を与えてくれるものは、公家たちに囲まれた天皇であることを、尊氏は痛切に感じざるを得なかっただろう。

しかも、観応の擾乱で尊氏が討ち果たした足利直義は、鎌倉幕府の守旧的政策を引き継ぎ、訴訟におけるその裁断は荘園領主たる公家・寺社に有利なものであった[6]。したがって、それに敵対した尊氏は、国人層を膝下に取り込む政策をとっており、直義を駆逐したとはいえ、公家たちとの思惑の違いは歴然としていた。そして、その尊氏と共にこの観応の擾乱を切抜けたのが、二代将軍となった足利義詮だったのである。

義詮は、父尊氏と共に観応の擾乱を切り抜け、尊氏の死後、再建なった北朝の後光厳天皇から将軍宣下を受けて、二代将軍となった。しかしこれ以後も、『太平記』によると康安元年（一三六一）には、南朝方勢力が京都に迫り、義詮が後光厳天皇を奉じて、近江に避難する事態が生じている。のみならず、貞治二年に豊後国で南朝方菊池武光が、室町幕府軍と戦い、伊予国では南朝方河野通朝が、室町幕府軍と世田城をめぐって攻防している。このように、各地で南朝方の軍勢が頻繁に蜂起する事態が続き、決して安心できる状況ではなかったのである。

したがって、再び観応の擾乱のような事態が、出現する可能性はまったく否定できるものではなかったのである。そして、そのような事態が惹起した場合、室町幕府将軍の地位を理論的に支えてくれる天皇とその周辺を囲む公家たちとは、常に良好な関係を維持しなくてはならないことを、誰よりも義詮は痛感していたものと思われる。父とともに観応の擾乱を潜り抜けた彼にとっては当然抱く思いであろう。

室町幕府将軍及びその官僚と、公家たちの日常的な交わりをより強めることによって、まさかの危機に備える必要があったのである。そのために、何が一番相応しいかを考えたとき、それは当時の公家たちが日常的に親しんでいた和歌だったのである。武士と公家が和歌を通じて日常的な交流を結ぶことによって、さらに親密の度合いを強めることができるのである。

公家たちは、公家同士が集まり和歌の会を常々催しているが、公家同士の集まりであるため、室町幕府官僚である武士たちにとっては入りにくかったことであろう。また、鎌倉時代から、武士が和歌をたしなむことなど、公家にとっては考えられないことであったことかもしれない。このような公家と武士の垣根を取り払うために、将軍義詮自らが大々的な歌合を催したものと思われる。義詮が「新玉津嶋社歌合」を自ら開催することによって、それ以後、武士も和歌を嗜むことを公家たちに認識させることが出来たのである。

ただ、ここで注目すべきことは、上述のような公家と武士が和歌を通じて日常的に交わるという義詮の戦略の舞台として、和歌浦の玉津島神社を勧請した新玉津島神社がしつらえられたことである。公家と武士の融和を図る舞台として、厳島神社や熊野神社やその他の歴史上著名な神社ではなく、和歌浦の玉津島神社が勧請されているのである。このこと自体、武家の棟梁たる義詮はその戦略の舞台として、公家たちがもっとも共感する装置が、和歌浦の玉津島神社を勧請することであると理解していたのである。それほどまでに南北朝時代の公家たちにとって、和歌浦とそこに鎮座する玉津島神社は特殊な存在として注目されていたのである。

おわりに

小稿は、和歌浦の玉津島神社が京都に勧請された歴史的背景の考察を試みた。まず、京都に玉津島神社を勧請したとされる新玉津島神社創建に関わる社伝を紹介し、その社伝が史料的に裏付けのないものであることを指摘した。そして、その勧請の経緯を、貞治六年の「新玉津嶋社歌合」とそれに関わる日記史料から、室町幕府二代将軍義詮の発意によって、当時和歌の四天王の一人とたたえられた頓阿法師がプロデュースして行われたものであるとした。

室町時代の京都の歌道界は、鎌倉時代とは異なり、武家が積極的に参加をしようとしていたことを明らかにした。しかも、公家たちはそのような武士の動向を、決して好ましいものとは思っていなかった。そのため、室町幕府将軍義詮は、歌道界において公家たちさえも一目置かざるを得ない頓阿法師をプロデューサーに起用し、武士の催す歌合の舞台となる新玉津島神社を創建し、そこで「新玉津嶋社歌合」を開催したものと考えた。そして、その勧請の時期は、「新玉津嶋社歌合」が行われた貞治六年三月もしくはその直前であろうと推定した。

京都に武家政権を打ち立てはしたが、室町幕府揺籃期にあって、公家と武士との融合は焦眉の課題であったと思われる。しかも、観応の擾乱を父尊氏とともに切り抜けた義詮にとっては、なおさらのことであったと思われる。その融合の舞台として、ほかでもない和歌浦の玉津島神社が京都に勧請されたのである。そのこと自体、和歌浦と玉津島神社が公家たちの間で広く和歌の神として、あがめられていたことを示すものといえるだろう。

注

（1）島内景二『柳沢吉保と江戸の夢』（笠間書院、二〇〇九）による。

（2）頓阿法師の経歴については、小林大輔『頓阿』（笠間書院、二〇一二）の「歌人略伝」及び「略年賦」による。

（3）古代の行幸が、いずれも都で寒気が感じられる初冬であることは、拙稿「和歌浦をめぐる行幸とその景観美」（『和歌の浦　歴史と文学』、和泉書院、一九九三）で指摘している。

（4）拙稿「紀俊行氏所蔵飛鳥井雅永和歌懐紙」（『和歌山市立博物館研究紀要』1、一九八六）によると、嘉吉三年（一四四一）に雅永は和歌浦を遊覧しているが、その際「多年の宿願を果たさむため、紀州玉津島社にまうで侍る」と記録しており、京都の公家たちが、和歌浦に遊覧することが困難であったことがわかる。

（5）観応の擾乱の経緯については、今谷明「一四―一五世紀の日本」（『日本通史』第九巻、岩波講座、一九九四）に詳しい。

（6）小川信「南北朝内乱」（『日本歴史』6、岩波講座、一九七三）では、「直義の親裁する裁決は、年貢抑留・対捍のみに関するものはすべて本所側の勝訴としており、下地相論の場合も鎌倉時代に遡って領有権が尊重され」たとしている。

第三章　飛鳥井雅永と和歌浦

はじめに

中世の宮廷において、和歌の名家として声望を集めた飛鳥井家の当主飛鳥井雅永が、和歌浦を訪れたことはあまり知られていない。雅永自身が、飛鳥井家の当主といいながらも、ピンチヒッター的な存在であったため、彼自身が中世和歌文学史上であまり特筆される存在ではなかった。とくに、彼の兄飛鳥井雅世は、勅撰和歌集『新続古今和歌集』の撰者であったことから、兄の陰に隠れたような存在であったことも事実であろう。

しかし、飛鳥井雅世の華々しい活躍の陰に隠れながらも、彼は中山定親の『薩戒記』五（東京大学史料編纂所『大日本古記録』、岩波書店、二〇一三）の永享五年（一四三三）三月二日条によると、来る二十七日の将軍家歌会において、「当日の儀においては、家司雅永朝臣、沙汰致すべきの由仰せらると云々」（原漢文）と見え、この頃将軍家の家司を勤め、しばしば幕府歌会において、講師を勤めていたことが知られている。このことから、彼の歌道界での地位は並々ならないものがあったことがわかる。

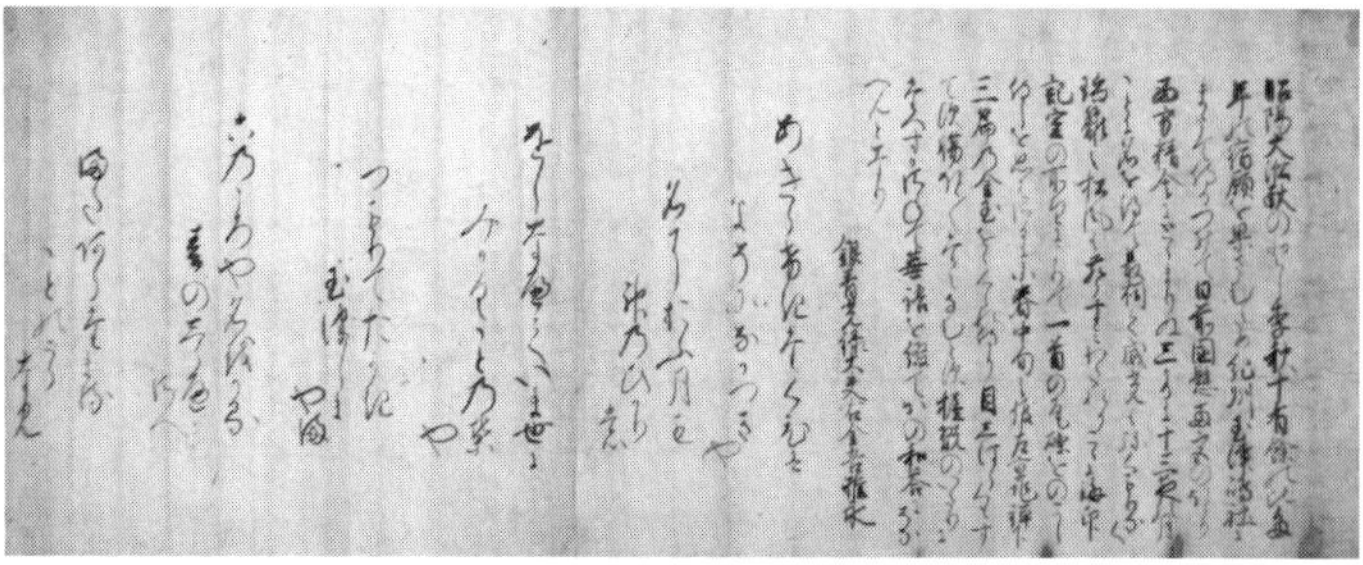

飛鳥井雅永和歌浦紀行（紀俊行氏蔵）

その雅永が、自ら和歌浦を訪れたことが、紀伊国造末裔家所蔵資料によって確認することができるのである。小稿は、彼が和歌浦を訪れたことを示す紀伊国造末裔家所蔵資料によって確認するとともに、その歴史的背景を論じようとするものである。

1　飛鳥井雅永の和歌浦遊覧

紀伊国造末裔家所蔵資料の中に、私が「飛鳥井雅永和歌懐紙」と名付けて紹介した資料があり、その中に、彼が和歌浦を訪れたことが明記されているのである[1]。とはいえ、それは懐紙の形式をとっていない。内容は、和歌浦を遊覧したことを報ずるものであり、正しくは「飛鳥井雅永和歌浦紀行」と名づけるべきものだったと思われる。そのことも含めて、まず飛鳥井雅永の和歌浦紀行を次に紹介したい。

本資料の形状は、二紙を貼り合わせて一枚に仕立てた継紙である。二紙の法量は、ともに幅が三三・二センチメートルである。第一紙の長さは五二・〇センチメートルで、第二紙の長さは三六・五センチメートルである。本来同じ料紙を用いたはずであるから、第二紙は本資料成立時には二〇センチメートル近くの空白が残されていたものと思われるが、のちに裁断されたものと思われる。第一紙と第二紙は、〇・四センチメートル程度の糊代を設けて貼り合わせており、外装はなく、簡便な裏打ちが施されているに過ぎない。以下、行替えに従って翻刻を行いたい。

昭陽大淵献のとし、季秋十有余の比、多
年の宿願を果たさむため、紀州玉津島社に
まうで侍る、ついて、日前・国懸両宮のほとり
西方精舎にとゝまりぬ、しかるに十三夜の月
ことに名を得て、叢祠之威光も弥くもりなく、
瑞籬の松風も声すミわたり、ここに海印
記室の所望によりて、一首の瓦礫をのこし
侍しを、思はさるに小春中旬の候、左京兆禅下、
三篇の金玉をゝくられ侍り、目しはらくもすて
す、腸ほとゝゝたゝなむとす、握翫のいたりに
たへす、かさねて蕪語を綴て、かの和答にそへんとなり、

銀青光録大夫右金吾雅永

あきらけき　たくひはよそに　なかつきや　名におふ月も　神のひかりの

をしなへて　いま世にみかく　ことのはや　つもりてたかき　玉津しまやま

このころや　名をかる春の　しらへさへ　またあらたまる　ことのうらなみ

冒頭の「昭陽大淵献」は、干支の「癸亥」の異名である。また、署名に冠している「銀青光録大夫」と「右金吾」は、それぞれ「従三位」と「右衛門督」の唐名である。以上の点を考慮して、干支の癸亥の年に、従三位で右衛門督の任にあって、「雅永」という名の公卿を『公卿補任』によって検索すると、唯一嘉吉三年（一四四三）の飛鳥井雅永がそれに該当する。

よって、この文章は室町時代中期の嘉吉三年に、京都の公卿で当代和歌の名家と謳われた、飛鳥井家の一人によって認められたことがわかる。文中の用語は、唐名や異名が多く用いられている。少々難解な箇所もあるが、次にそれを見てみよう。

一行目の「季秋」は、九月の異称である。二行目の「紀州玉津島社」は、現在和歌山市和歌浦中三丁目に鎮座する玉津島神社を指している。この玉津島神社には、神亀元年（七二四）十月に聖武天皇が和歌浦に行幸している(2)。その際、従駕した貴族たちが、多くの和歌を詠じた地で、その多くの和歌が『万葉集』に収められている。

そのため、以後和歌の題材として用いられることが多く、中世には歌枕となった地である。

「歌神」に準えられることもしばしばであった。『京都市の地名』(平凡社、日本歴史地名大系第二七巻、一九七九)によると、歌聖と称された藤原俊成は、平安京の自宅(現京都市下京区玉津島町)に玉津島神社の祭神である衣通姫を勧請して、新玉津島神社を成立させたという伝承も残っている。このように、多くの歌人の注目を集める神社であったからこそ、飛鳥井雅永をして「多年の宿願を果さむため」と言わしめたのであろう。

三行目の「日前《ひのくま》・国懸《くにかかす》両宮」(以下、便宜上「日前宮」と略称する)は、和歌山市秋月に鎮座する神社で、記紀神話によると、皇祖神伊勢神宮と同じく、天窟戸神話で鋳造された宝鏡を祀る神社とされている。また、持統天皇六年(六九二)には、藤原京遷都を報告すべき神社として、伊勢神宮・大倭神社・住吉神社と並んで、『日本書紀』に記されている。すなわち、古代以来優れて高い社格を有していた。

さらに、この両宮は、古代から紀ノ川河口平野を中心に支配し続けていた紀伊国造の奉祭する神社であった。(3) なお、五行目の「叢祠之威光」とある「叢祠」とは、社叢に囲まれた祠すなわち日前宮を指していると考えられる。

四行目の「西方精舎」とは、「精舎」が寺の意味であるから、西方寺という寺名を意味しているると思われる。この西方寺は、『紀伊続風土記』には記載されておらず、近世後期以前に消滅した寺院であったと思われる。しかし、鎌倉時代の嘉禎四年(一二三八)九月二十五日付の「日前・国懸宮四方指写」（『和歌山市史』第四巻）によると、東北の他領・神領の境として、神領側に「永沼郷西方寺免畠」とみえ、その経済基盤の一端が、神領域内に存在したことがわかる。

また、正平十七年（一三六二）の「紀親文畠地宛行状案」（『紀伊続風土記』付録三所収、日前宮文書、『和歌山市史』第四巻）によると、西方寺の畠一町半が処分されている。その畠の所在地は、「在所新永沼郷老人島」とあることから、先の「西方寺免畠」と同じものかもしれない。この畠が、同年十月十日に第五八代紀伊国造紀親文によって処分されている。すなわち、西方寺の資財の処分権を、紀伊国造が有していたのである。

また、本資料によって、雅永の投宿した寺院から、日前宮の社叢を眺めることが出来ること、そして「日前・国懸両宮のほとり」と記していることなどから、その寺号の「西方」という語からも、この寺院が、日前宮西方の近隣する位置にあったと考えることができるだろう。以上の点を考慮すると、西方寺は少なくとも鎌倉時代から存在し、その建立主体は、紀伊国造であり、以後も国造家の援助のもとに、経営されていたと考えることができるだろう。

六行目から七行目にわたる「海印記室」であるが、「記室」は尊称であろうから、「海印」という西方寺の住職を指しているのであろう。どのような立場の人物であるかはわからない。しかし、従三位の雅永が、かなりの敬意を払っていることがわかる。このことから、出家・

隠居した紀伊国造であった可能性は高いだろう。(4)

八行目の「小春」は、十月の意味である。同行行末の「左京兆禅下」とあるのは、「左京兆」が左京職の異名であり、「禅下」は禅門にある人に対する尊敬語である。役所名の「左京兆」が記されていながら、役職名がないことから、左京職にあって唯一の人、すなわち左京職大夫を指していると見てよいだろう。これも禅門に入っているという点から、室町幕府の要人であった可能性はあるだろう。この推測が正しいとすれば、従三位の雅永が本資料中でかなりの敬意を表していることもうなづけるであろう。以上の語句・用語を念頭において本資料の大意を略述すると、次のようになるだろう。

嘉吉三年九月十三日、長年の願望を果たすために、紀州の玉津島神社に参詣した。そして、その後、日前宮の西隣に位置する西方寺というお寺に投宿したところ、十三夜の月はその名のとおり美しく、日前宮のありがたさもはっきりとし、瑞籬《みずがき》をわたってくる松風の声も清らかであった。その時、西方寺の海印記室の要請で、一首のつまらない和歌を詠じた。その後、思いもよらず、十月中旬頃に左京職大夫殿から、三編の素晴らしい和歌を贈られた。目をはなすこともなく、返歌を詠もうと心掛けたが、とても贈られた歌にはかなわない。そこで、紀州の西方寺で詠じた一首の和歌に、さらに二首のつたない和歌を加えて、合計三首を左京職大夫殿への返歌にしようと思う。

以上であるが、返歌として用意された三首のうち、紀州西方寺で雅永が詠じた一首は、「なかつきや」の一句があることから、第一首目であったことは明らかであろう。また、この三首の返歌の用意が完了したのは、第三首目に「名をかる春の」や「またあらたまる」の句が見えることから、意外に遅く嘉吉四年（文安元年）の早春のことであったと思われる。しかも、海印記室に所望された和歌を、「左京兆禅下」に贈答したことを、この資料によって海印記室に報じているのである。

2　嘉吉年間頃の紀伊国造家

ところで、この第二首目と第三首目については、『官幣大社日前神宮国懸神宮本紀大略』（以下、『本紀大略』）に紹介されている。[5] それによると、第二首目の題詞として「永徳年中飛鳥井雅永卿、当下向之後国造親文へ贈られし歌の中に」とある。また、第三首目の題詞として「飛鳥井雅永卿、当国下向の後、国造左京大夫へ贈られし歌の中に」と記している。

第三首目の題詞に「国造左京大夫」と記しているのは、第二首の題詞に見える「親文」が、第五八代紀伊国造で、左京職大夫を歴任していることから、やはり彼をさしているものと思われる。すなわち、『本紀大略』は、第二首目と第三首目を、永徳年間（一三八一～一三八四）に第五八代紀伊国造であった紀親文に、雅永が贈ったものと理解しているようである。

しかし、この判断は明らかに年代的な誤謬がある。本資料からわかるように、これら三首の和歌が雅永によって作られたのは、嘉吉三年九月から同四年（文安元年）正月にかけてのことであった。雅永の生年は不詳であるが、その兄の飛鳥井雅世については、『公卿補任』応永二十九年（一四二二）の項によると、その年に三三歳であったことがわかる。このことから、雅世の生年は明徳元年（一三九〇）となる。その弟である雅永は、それよりも後の生年であることは明らかだろう。

すなわち、永徳年間に誕生さえしていなかった雅永が、『本紀大略』の記述のように、作歌することも、親文に和歌を贈答することも不可能であろう。『本紀大略』が、このような誤謬をおかしたのは、本資料中に「左京兆」の語があり、本資料が紀伊国造末裔家に伝世したことのみに着目したため、短絡的に歴代国造の中で左京職大夫の職歴を有する紀親文への返歌であると判断したからであろう。

ただ、本資料が左京職大夫に返歌を贈答したことを、報告したものであることは間違いないだろう。そして、雅永がそのような報告をする必要を感じたのは、海印記室の要請に応えた和歌を、その後転用して左京職大夫に贈答したことを、海印記室に報じておくべきだと感じたからであろう。その意味で、海印記室と飛鳥井雅永は、かなり親密な関係にあったとみることが出来るだろう。本資料が紀伊国造末裔家に伝来していることから、先に推定したように、海印記室は紀伊国造家の人物であったとすべきであろう。それでは、海印記室とは誰であろうか。

雅永が、和歌浦を訪れた嘉吉三年に紀伊国造の任にあったのは、第六一代の紀行長であった。紀伊国造末裔家に伝来する冊子本の「紀伊国造次第」によると、行長は応永二十九年十月二十三日に紀伊国造に就任し、嘉吉三年の四年後の文安四年十一月二十一日にその子行孝に国造職を譲っている。ただし、行長が日前宮を奉斎する国造の任にありながら、仏門に入ることが出来ただろうか。海印記室は、日前宮ではなく、その西隣の西方寺に居住していたのである。このことから、海印記室を国造の行長本人であるとすることは出来ないだろう。

行長の父である行文は、冊子本「紀伊国造次第」によると、第五九代国造の俊長の子として生まれ、応永二年八月十八日に第六〇代国造を継いでいる。そのときの年齢は、一二歳であった。先述のとおり応永二十九年に、その子行長に国造職を譲っているが、そのときの年齢は、三九歳ということになる。すなわち、隠居後も健在であったとしたならば、嘉吉三年に行文は、六〇歳ということになる。しかも彼は、国造職を退いた後も健在であったらしく、同資料には「永享年中、禁中へ和歌ヲ奉ル」とみえ、盛んな作歌活動を行っており、私歌集「行文五十首和歌」一巻（『続群書類従』第十四輯下）を残しており、今も紀伊国造末裔家に伝来している。これらのことから、行文が嘉吉三年段階で健在であった可能性は極めて高いだろう。

すなわち、日前宮のすぐ西に隣接する西方寺とは、当時国造職を退いた行文の隠居所であったと見ることができるだろう。宮中に和歌を献上するほどの実力を有している行文ならば、京都の和歌の名家である飛鳥井家の当主雅永に対して、和歌を所望することも可能であったと思われる。以上の点から、西方寺の僧海印記室は、国造職を退き隠居した紀行文であったと推定したい。

ところで、紀伊国造といえども、一介の地方豪族である。その当主と京都の名門公家飛鳥井家の当主雅永が、あたかも旧知のごとく西方寺で面談しているのである。その背景にはどのような事情があったのだろうか。行文の父俊長は、冊子本「紀伊国造次第」によると、「従三位侍従昇殿」と記されている。『公卿補任』によると、彼が従三位となったのは、応永四年正月のことである。すなわち、前年に南北朝が合一したのち、最初の定例の叙目で、俊長は後小松天皇の宮廷に公卿として昇殿が許されたのである。そして、その翌年には侍従に任官している。

その背景には、俊長の母方の叔父が時の中納言山科教言《のりとき》であったことが影響しているといえるだろう。しかし、それ以上に、中央政界の公卿たちと姻戚関係を持ちえた理由は、彼の歌才によるところが大きかったと思われる。彼は、私歌集「俊長集」一巻（『続群書類従』第十六輯上）を残しており、今も紀伊国造末裔家に伝来している。また彼は、公卿の列を辞すると、宗傑を号して隠居する。しかし、応永十四年の「内裏九十番御歌合」（『群書類従』第十三輯）では、左方の詠者として列席している。さらに、『新後拾遺和歌集』や『新続古今和歌集』などの勅撰和歌集にも、彼の和歌が収められている。当然のことながら、『新続古今和歌集』の選者であった飛鳥井雅世とは、親交があったであろう。

先に、紀伊国造を退いた紀俊長が、宗傑を号して「内裏九十番歌合」に列座していたことを述べた。そのころ、飛鳥井雅世は雅清を名乗っていたが、同じ歌合の左方の詠者として、「従五位下左近衛権少将藤原朝臣雅清」と列記されており、俊長とともに列座していたことがわかる。すなわち、飛鳥井雅世と紀伊国造俊長は、旧知の間柄だったのである。これらのことから、室町時代の紀伊国造家は、京都の和歌文学界と直結していたといえるだろう。俊長の後を継いだ行文と、飛鳥井雅世の後を継いだ雅永も、和歌を通じた親交があったのであろう。

3 嘉吉年間頃の飛鳥井家

次に、嘉吉三年（一四四三）前後の飛鳥井家の様子を見てみよう。雅永は、『新続古今和歌集』の撰者に任じられた飛鳥井雅世の弟である。雅永は、『公卿補任』によると嘉吉元年八月十九日に従三位に叙され、公卿の列に入っている。この前後の『公卿補任』を見ると、飛鳥井家は間断なくその一族の一人を公卿に送り出している。雅永の前に飛鳥井家から公卿に列していたのは、彼の兄の雅世であった。

雅世は、第六代室町幕府将軍足利義教の庇護を受けて、歌道界で活躍していた。ところが、嘉吉元年六月二十四日、義教は赤松満祐のために謀殺される。いわゆる嘉吉の乱である。このため、七月六日に義教の埋葬が終った直後の十日に、雅世は義教の薨去を理由に出家隠居した。雅世の世子雅親は、この時点で二六歳であったが、公卿に列するには若すぎたのであろうか。

ただ、この頃の『公卿補任』を見ると、名門公家の一族であれば、一〇歳代で公卿に列している例もみられる(6)。雅世自身が義教のあまりにも悲惨な最期に遭遇し、即座に隠居を申し出たことから見て、自らの世子を公卿に列せしめることを憚ったのではないかと思われる。しかし、それ以前においては、『薩戒記』の永享五年正月六日条によると、この日雅世が内裏と院に昇殿する際、雅親を同道していたことがわかる。すなわち、この時点で雅世は世子雅親を自分の後継者として考えていたものと思われる。

このように自らの世子の後継を断念したが、名門飛鳥井家は間断なく公卿として一族の一人を送り込む権利を、慣習的に有していたのである。いかに将軍義教の悲惨な最期を憚るといえども、飛鳥井家から一時的とはいえ公卿に誰一人列することがなかったとしたら、それが新たな慣習となり、飛鳥井家の将来に大きな問題を惹起しかねないのである。そのため、急遽雅世の弟である雅永が従三位の叙位を得て、公卿に列したものと思われる。嘉吉の乱は、飛鳥井家の雅世・雅親父子にとっては、それほど大きな影響を与えたといえるだろう。

嘉吉の乱から七年を経過した文安五年に、雅親が三三歳で従三位に叙せられて、公卿の列に入った。雅世・雅親父子にとって、嘉吉の乱の影響を払拭するには、七年の長い月日を要したのだろう。そして、その直後の文安六年を最後に、『公卿補任』から雅永の名前は姿を消す。

結局、雅永が公卿として活躍したのは、嘉吉元年から文安六年までのわずか九年間のことであった。もちろん、雅世は隠居後も『新続古今和歌集』の選者を務め、享徳元年（一四五二）まで健在であった。このことから、雅世が飛鳥井家の当主としての地位にあったことには代わりがなかったようである。しかし、この間飛鳥井家の政治的な代表者は、公卿に列していた雅永であり、雅世の世子雅親の政治的な後見人でもあったと思われる。

飛鳥井家の当主であった雅世が、その世子雅親とともに、将軍義教の悲惨な最期を憚らなくてはならなかったのであれば、雅世の弟である雅永にも全く影響がなかったとは言えないだろう。事実、中山定親の日記『薩戒記』によると、雅永は永享五年（一四三三）頃、将軍義教の家司であったことがわかる。雅永もまた、将軍義教と親しい関係にあったのである。

　しかし、雅永に対する将軍義教の死は、兄の雅世ほどには強くなかったのであろう。何よりも、名門公家飛鳥井家は、一族の一人を公卿に送り込む権利を、慣習的に有していたのである。すなわち、将軍義教の薨去の影響をそれほど受けることの無い、飛鳥井家の人物が、公卿として送り込まれるように周到に画策がなされたであろう。このことから、雅永が飛鳥井家を代表して公卿に列したのは、多分に消去法的な要素があったものと思われる。

　とはいうものの、和歌の名家飛鳥井家を代表する人物であれば、少なくとも歌道界にそれなりの実力を認められるものでなくてはならないだろう。もちろん、『新続古今和歌集』にも、雅永の作歌は収められている。しかし、その撰者が彼の兄の雅世であることから、多分に肉親の情が働いたという批判があるかもしれない。しかし、雅永は『後花園院御百首』に、一条兼良らとともに、点を付した経歴を有していたとも伝えられている。また、『薩戒記』永享五年正月二十七日条によると、「又新宰相中将方へ向かふ、終夜清談す、又和歌有り、雅長朝臣出題、晴夜梅、同題を以て各詠む」（原漢文）とあり、公家たちが催す和歌の会で彼は中心的な存在であったことが分かる。このことからも、彼の歌才が飛鳥井家を代表するに足る非凡なものであったことがわかるであろう。

　やはり雅永は、飛鳥井家を代表するに足る歌才を有していたのである。そして、非業の死を遂げた将軍義教の死の影響を、飛鳥井一族の中で最小限に受け止める立場にあったのである。その彼が、嘉吉三年九月に京都を離れ、和歌浦に遊覧したのである。その背景には、先述したように、雅永と紀伊国造を退いた紀行文との、私的な交流があったであろうことは間違いないだろう。

しかし、兄の雅世と世子正親が将軍義教の死に対して、七年間もの長きにわたって憚り続けたのである。それに対して、飛鳥井家一族で義教の死の影響を最小限に受ける立場であったとはいえ、嘉吉の乱からわずかに二年を経て、雅永は和歌浦遊覧したのである。義教は嘉吉元年六月に謀殺されている。したがって、その三回忌法要は嘉吉三年の六月ないしは七月頃に執行されたと思われる。雅永の和歌浦遊覧は、その直後の嘉吉三年九月になされているのである。雅永にとっても、義教の薨去はたしかに憚るべきものであったと思われる。しかし、それは三回忌法要を済ませた段階で、もはや必要のないものとなっていたのだろうか。

たしかに、兄の雅世とその世子雅親は七年間もの間、義教の薨去を憚り続けた。しかし、義教の薨去を憚り続けていたはずの雅世・雅親も、実は雅永とともに、この時和歌浦を遊覧しているのである。伏見宮貞成親王の日記「看聞御記」（『続群書類従』補遺）の嘉吉三年九月十一日条によると、「抑今日飛鳥井中納言入道（雅世）・右衛門督雅永卿・雅親朝臣、住吉・玉津島社参詣、新続古今撰集立願果遂云々、三条も相伴、後聞三条不参云々」と見える。三条卿は同道するはずであったが、貞成親王が後に聞いたところでは、同道しなかったことをわざわざ注記している。このことから、雅世父子と雅永は、間違いなく連れ立って玉津島に参詣したと考えられるだろう。そして、それは雅世が選者を務める『新続古今和歌集』の成就祈願のための参詣だったのである。したがって、和歌浦遊覧を終えたのちの西方寺での雅永と海印記室との対談の席には、雅世も雅親も必ずや同席していたものと考えてよいだろう。

雅永は、本資料の中で「多年の宿願を果たさむため、紀州玉津島社にまうで侍る」と述べている。この雅永の思いは、雅世も同じであったと思われる。平安時代初期の桓武天皇の和歌浦への行幸を最後に、行幸が途絶えてからは、天皇やそれに従う貴族たちも和歌浦を訪れることはまれになった。高野・熊野参詣の途次和歌浦を訪れる貴族も多かったが、鎌倉時代以後そのような貴族たちの参詣も少なくなり、和歌浦への貴族たちの足はさらに遠のいていたのである。[7]

しかし、勅撰和歌集に収められる和歌には、和歌浦や玉津島を詠じた和歌が数多くみられるのである。すなわち、和歌浦を訪れることがもはやできなくなった室町時代においても、京都の貴族たちは和歌浦にあこがれ続けて、和歌浦を詠じ続けていたのである。[8]このことから、雅永が述べた「多年の宿願を果たさむため」という言葉は、偽りのないものであったことだろう。そして、この和歌を贈呈された左京職大夫にとっても、和歌浦は憧れの名勝だったのであろう。

むしろ、左京職大夫が和歌浦にあこがれていることを知っていたからこそ、雅永は西方寺での作歌を、その返歌として用いたともいえるだろう。将軍義教の薨去からわずか二年後、慎み続けているはずの雅世父子が、雅永とともに京都を出て遊覧することは、勅命を受けた『新続古今和歌集』の成就祈願であるといえども、もしかしたら時期尚早にすぎたかもしれない。しかし、その遊覧先が京都の貴族たちが等しく憧れる和歌浦であったからこそ、京都の貴族たちは雅永や雅世父子の行動を批判することはなかったと思われるのである。

おわりに

小稿は、京都の貴族飛鳥井雅永の和歌浦遊覧について論じてきた。まず、紀伊国造末裔家に伝来する「飛鳥井雅永和歌浦紀行」を翻刻し、その遊覧の実態を紹介した。本資料によって、雅永は、嘉吉三年九月十三日に和歌浦に遊覧し、玉津島に参詣していることがわかった。また、雅永は日前宮のほとりの、紀伊国造にゆかりのある西方寺に投宿し、同寺の海印記室と談笑し、その求めに応じて和歌を詠じた。雅永帰京後、その和歌は第三者の左京職大夫に贈答されたことが、本資料によって報じられていることを明らかにした。

次に、雅永の訪問を受けた紀伊国造家の嘉吉三年前後の様子を、冊子本「紀伊国造次第」

から分析し、雅永と西方寺で談笑した海印記室は、第六〇代紀伊国造を退いた紀行文であろうと推定した。そして、この頃の歴代紀伊国造の動向を分析し、紀伊国造が京都の歌道界と直結していたことを述べた。

最後に、この頃の飛鳥井家の動向を見たが、嘉吉の乱の影響が極めて大きな影を投じていた状況を明らかにした。乱当時飛鳥井家当主であった雅世とその世子雅親は、乱後七年の長きにわたって慎み続ける必要があったため、急遽雅永が飛鳥井家を代表して、公卿に列したことを明らかにした。そして、急遽立てられた当主ではあったが、和歌の名家飛鳥井家を代表するにたる歌才を有していたとした。

雅永が和歌浦を遊覧した嘉吉三年は、飛鳥井家が慎まなくてはならない将軍義教の三回忌法要を終えての直後であったことを指摘した。のみならず雅永の和歌浦遊覧には、慎みを続けているはずの雅世・雅親父子が同道していたことを指摘した。雅世父子と雅永の遊覧先が、京都の貴族たちが等しく憧れる和歌浦であったことから、批判の対象とはならなかったのであろうと推定した。逆説的にいえば、彼らが和歌浦以外に遊覧したとしたならば、それは批判の対象となりえたかもしれないだろう。

注

（1）拙稿「紀俊行氏所蔵飛鳥井雅永和歌懐紙」（『和歌山市立博物館研究紀要』1、一九八六）参照。

（2）『続日本紀』によると、聖武天皇は神亀元年十月八日に玉津島に到着し、一四日間逗留している。この行幸の詳細と意義については、拙稿「古代の行幸と和歌浦」（『有坂隆道先生古稀記念『日本文化史論叢』、同記念会、一九九一）を参照されたい。

（3）日前宮の創始と祭祀及び紀伊国造との関係については、薗田香融「岩橋千塚と紀国造」（末永雅雄他編『岩橋千塚』、和歌山市教育委員会、一九七六、のち『日本古代の貴族と地方豪族』所収、塙書房、一九九二）を参照されたい。

（4）冊子本「紀伊国造次第」（紀俊行氏所蔵）によると、第五一代国造紀宣俊は、建久元年国造職を辞した後、「元久元年九月十二日出家」とあり、さらに彼は「安居寺国造」を号したと記している。鎌倉時代以後、国造はその職を退いたあと仏門に入る慣習があったと思われる。なお、冊子本「紀伊国造次第」は、鈴木正信『日本古代氏族系譜の基礎的研究』（東京堂出版、二〇一二）の「翻刻『紀伊国造系譜』（C本）」で厳密な翻刻がなされている。

（5）『官幣大社日前神宮国懸神宮本紀大略』は、大正五年三月に日前宮社務所（代表紀俊）から発行された。

（6）たとえば、『公卿補任』嘉吉三年条によると、非参議・従三位で「久我　源通尚　十八　右中将、三月十六日兼尾張権守」とみえ、通尚がこの年一八歳で公卿に列したことがわかる。

（7）小山靖憲「中世の参詣記にみる和歌浦」（『和歌の浦　歴史と文学』、和泉書院、一九九三）参照。

（8）行幸が途絶えた後も、和歌浦が多くの人々の関心の的であったことについては、拙稿「和歌浦の歴史的景観を考える」（『和歌山地方史研究』一六号、一九八四）に述べている。

Ⅲ　近世史の中の和歌浦

第一章　天下人秀吉と和歌浦

はじめに

天正十三年（一五八五）三月、天下統一を目指す羽柴秀吉は、大坂城を出陣し二十一日に岸和田城に入った。当日夕方から、泉州一帯に立て篭もった紀州勢の城砦に襲い掛かって、二日後の二十三日に沢城が落城した。これで、泉州での戦闘はほぼ収束した。

その後、秀吉軍は紀州に攻め込み、太田城を水攻めにして、四月二十五日に陣払いするまで、ほぼ一ヶ月間紀州に滞陣した。その間、「紀州御発向之事」（『続群書類従』第二十輯下）によると、「卯月初内府御陣廻之次、和歌浦・玉津島有参詣、一首詠歌、打出て　玉津島より　なかむれは　みとり立そふ　布引の松」とある。すなわち、太田城水攻め堤防が完成した直後と思われる四月の初めに、内大臣（内府）の官職にあった羽柴秀吉が、味方の陣を視察するついでに、和歌浦・玉津島に参詣し、和歌一首を詠じたというのである。

「紀州御発向之事」は、秀吉の御《お》伽衆《とぎしゅう》の一人である大村由己《おおむらゆうこ》が著した合戦記である。彼の生涯はほとんど羽柴秀吉のそれとかぶっていることから、ほぼ、同時代人によって記された合戦記であると見ることができる。しかし、彼はこのほかにも多くの秀吉の関わった合戦を合戦記として記録しているが、秀吉の御伽衆として秀吉を過大評価している傾向がある。このため、山室恭子氏はその著書『黄金太閤』（中央公論新書、一九九二）において、彼を「秀吉のスポークスマン」と評しておられる。

このような疑問を感じつつ、紀州での秀吉の動向を見ると、秀吉自身が家臣たちに出した書状などが残っているが、それら第一次史料には、秀吉の和歌浦・玉津島参詣のことを見ることができない。小稿では、まず「紀州御発向之事」に記されている秀吉の和歌浦遊覧の記述の信憑性を判断したい。その上で、もし彼が和歌浦に遊覧したのであれば、それがどのような意味を有するものなのかを論じてみたい。

1　「紀州御発向之事」の信憑性

私は、かつて秀吉の紀州攻めの詳細な日程を復元したことがある。(1)この紀州攻めに関しては、後代多くの合戦記が記された。しかし、それらが、紀州攻めの開始を事実よりも早く記したり、紀州での合戦を事実よりも長く記している傾向が認められたのである。これらは、天下人秀吉を紀州の人々がいかに梃子摺《てこず》らせたかを強調しようとする意図があったものと思われる。しかも、近世紀州藩の領主が御三家紀州徳川家であったことから、それにおもねようとする意識もあったのだろう。

そのため、私は、後代の編纂になる合戦記をすべて排除し、秀吉自身が記した書状、紀州攻めに参加した人々の残した記録に注目した。さらに、泉州貝塚に居を構え、天下人秀吉の動向に限りない興味を抱いて眺めていた本願寺の人々の記録などによって、紀州での秀吉の動向を復元しようと試みたのである。それを、日を追って主なものを記すと次のようになる。(2)

三月二十日、先勢として羽柴秀次が出陣し、ヌカヅカに着陣する（『宇野主水日記』）。

三月二十一日、秀吉が大坂を出陣し、岸和田城に到着する。

夕刻までに小山・田中両城を攻め落とす。

千石堀城をこの日のうちに落城させる（以上、三月二十五日付小早川隆景宛羽柴秀吉書状）。

三月二十三日、沢城が落城する（三月二十三日付羽柴秀長起請文）。

秀吉が先勢を雑賀に侵入させ、自らは根来を焼き討ちする（『宇野主水日記』）。

秀吉自ら根来寺に押しかける（三月二十五日付小早川隆景宛羽柴秀吉書状）。

三月二十四日、粉河寺を炎上させる（『宇野主水日記』）。

秀吉は雑賀表で土橋の先勢と戦う（三月二十五日付小早川隆景宛羽柴秀吉書状）。

この日、夜陰に乗じて土橋平丞が行方不明となる（三月二十五日付小早川隆景宛羽柴秀吉書状）。

三月二十五日、翌日にかけて一揆勢がゲリラ活動をしたと思われる（四月五日付生駒某宛羽柴秀吉書状写）。

　この日、秀吉は土橋の城へ陣替えする（三月二十四日付白樫某宛羽柴秀吉書状写）。

三月二十七日、一揆勢を太田城に囲い込み、兵糧攻めを始める（三月二十七日付前田玄以宛羽柴秀吉書状）。

三月二十八日、この日、水攻めに作戦を変更して、築堤を始めたと思われる（四月五日付生駒某宛羽柴秀吉書状写より推定）。

四月四日、この日、水攻め堤防が完成したと思われる（四月五日付生駒某宛羽柴秀吉書状写より推定）。

　この日、本願寺顕如が土橋の城で秀吉と会談する（『宇野主水日記』）。

四月五日、秀吉自ら、生駒甚介に水攻め進行中であることを書状で知らせる（四月五日付生駒某宛羽柴秀吉書状写）。

四月二十一日、堤内に阿武舟を入れて城攻めを行う（『宇野主水日記』）。

四月二十二日、太田城から女子どもが退城する（『宇野主水日記』）。

四月二十三日、太田城から城将が退城する（『宇野主水日記』）。

四月二十五日、秀吉が陣払いする（『宇野主水日記』）。

四月二十六日、秀吉が大坂城に帰る（『宇野主水日記』）。

以上が、第一次史料から得られる秀吉の紀州攻め復元日程である。これに対して、「紀州御発向之事」によると、「（三月）二十一日未刻、御動座也」と、秀吉の大坂城出陣を正しく記している。また、この日の戦闘の様子を「山手千石堀、浦手沢」と軍勢を二手に分けたことが記されているが、これは『宇野主水日記』の同日条に「山ノ手ニシャクゼン寺と云城」とあり、やはり同日条に「浜ノ手ニ沢ト云城」とあることとまったく符合する。もちろん、「紀州御発向之事」では、沢城を「浦手」と記していることから、大村由己が『宇野主水日記』を参照したのではないことは明らかであろう。

さらに、「同（三月）廿三日、至根来寺御動座也」とあり、これも天正十三年三月二十五日付小早川隆景宛羽柴秀吉書状に「廿三日ニ不継息根来寺へ押懸候処」とあることに一致している。また、「翌日（三月二十四日）至雑賀谷御動座也」とあり、これも同書状に「廿四日ニ雑賀表へ取懸候」と見えることに一致している。

以上、第一次史料から得られた秀吉の紀州攻め日程と対比すると、「紀州御発向之事」の記述がきわめて正確であることがわかる。しかも、各所での戦闘の状況も独自に記しながら、きわめて正確であることがわかる。これらのことから、大村由己は天正十三年の紀州攻めに、秀吉に近侍して従軍していたのではないかと思われる。

総光寺由来并太田城水責図（惣光寺蔵）

　このように考えた時、「紀州御発向之事」に記された秀吉の和歌浦遊覧は、ほぼ正確に記されたものであると判断してよいだろう。何よりも、大村由己は御伽衆であり、秀吉に近侍して、戦闘よりもむしろ和歌浦遊覧などの遊山の相手をすることが職務だったのである。それゆえに、各所の戦闘をこれほどまでに正確に記し得た彼が、彼の得意とする名所遊覧を書き漏らしたり、粗雑に扱うようなことはありえなかっただろう。以上のことから、四月の初めに秀吉が和歌浦を遊覧したことは、事実とみて間違いないだろう。

　水攻め堤防は、四月四日には完成していたと思われる。そして、本願寺顕如を四月五日に土橋の城に招いて会談したのは、その完成した水攻め堤防を見せるためであったと思われる。全国に門徒組織を持つ顕如に、完成したばかりの水攻め堤防を見せれば、紀州における秀吉の余裕のさまが、すぐさま噂になることを見越したものであろう。秀吉の和歌浦遊覧は、「四月初」と「紀州御発向之事」は記しているが、おそらく水攻め堤防が完成して以後のことではなかったかと思われる。このように考えれば、五日に顕如と会談した直後の六日当たりが相応しいのではないかと思われる。

一か月余にわたる紀州攻めのさなか、それも太田城水攻めの進行しているさなかに、秀吉はなにゆえに和歌浦に遊覧したのであろうか。そのことを考える手掛かりとして、秀吉の一か月余にわたる紀州攻めの政治的な意義を考える必要があるだろう(3)。

2　紀州攻めの政治的意義

先に概観した紀州攻めの日程の内、そのほとんどが太田城の水攻めに費やされている。すなわち、三月二十三日に紀州に進入した秀吉は、雑賀衆の頭目である土橋平丞がその翌日には行方をくらませ、雑賀がカオスの状態であることを確認した。指導者を失った雑賀衆はゲリラ活動を行ったようである。そして、秀吉は二十六日にそれら雑賀衆を太田城に包囲した。その翌日からの太田城攻城作戦は、兵糧攻めから水攻めに変更された。そして、四月二十三日の太田城将退城に至るまでの約一か月の水攻めが継続される。

ところで、太田城を退城した主だった城将の数は、「イエズス会日本年報」（『異国叢書』）に収める一九八五年八月八日付のルイス・フロイスの書簡によると、五三人であったといわれている。もし一人の城将が一〇〇人を率いて篭城したとしても、篭城衆は総勢五千人余ということになるだろう。後世の軍記物であるが、『紀伊続風土記』所収「太田城水攻記」は、太田城に篭った将兵の数を五千人としている。軍記物は誇張する傾向があるので、実際にはそれ以下であった可能性もあるだろう。

それに対して、紀州攻めに秀吉が率いた軍勢は、前掲のルイス・フロイスの書簡によると、一〇万と伝えられている。『宇野主水日記』によると、紀州出陣を聞いた本願寺教如が、泉大津に秀吉を迎えた際、その大人数に「驚目訖」と記している。本願寺戦争を戦い抜いた教如が驚くほどだったとしているので、あながちこの一〇万という軍勢は誇張ではないだろう。

五千人余の雑賀衆に対して、一〇万の秀吉軍という懸隔した軍勢の差を見るとき、紀州攻めの最終目的が太田城開城ではなかったと見るべきであろう。水攻め堤防完成後の四月四日からしばらく、秀吉軍は太田城を攻めた気配がまったく見られない。そして、四月二十一日に堤内に阿武舟《あたけぶね》を入れて攻城作戦を行った翌日には、太田城から女子どもが退城し、さらにその翌日には城将が退城しているのである。すなわち、一押しすれば落城する太田城を一月近くも水攻めにしていたことになるのである。

一〇万の軍勢の内、当初はかなりの人員が水攻め堤防の築堤に動員されたであろうが、その築堤が完了したと思われる四月四日以後は、なすこともなかったはずである。しかも、水攻めであるため、籠城衆が城内から撃って出ることは考えられない。このため太田城を取り囲む軍勢はそれほど多くを要することはなかったであろう。それでは、秀吉に率いられた一〇万の軍勢は、一か月余をどのように過していたのであろうか。

『宇野主水日記』天正十三年四月十三日条によると、「十三日、中村孫平次へ御音信、御小袖・馬・樽三、紀州奥郡ニ先懸已来在陣ニ付而ハ被遣之」と見える。この日、本願寺は中村孫平次に手紙を添えて物を送っている。「先懸已来」とあることから、秀吉軍の紀州侵入以来「紀州奥郡」に在陣していた労苦に対しての贈り物であろう。ここで、「奥郡」としているのは、太田城のある地を「雑賀表」と表していることとの対象で、紀州の「奥」すなわち南部の郡を指しているのであろう。すなわち、中村孫平次は秀吉の紀州侵入と同時に、太田城には目もくれずに、中紀もしくは南紀に派遣されていたのである。しかも、かなりの長期間にわたっていたと思われるのである。

また、同日付惟住長秀宛羽柴秀吉書状（前田長雅氏所蔵文書、『和歌山市史』第四巻所収）によると、「無残所熊野果任平均」と見える。すなわち紀州の南端の熊野までをも、秀吉の勢力下に治めると宣言しているのである。そして、そのような秀吉の意向によって、中村孫平次も中紀あるいは南紀に派遣されたのであろう。そして、そのような武将は、中村孫平次だけではなかったであろう。すなわち、教如が驚いた秀吉の一〇万にも及ぶ大軍のほとんどが、紀州全土を秀吉の膝下に治めるために、紀伊国の各地へと派遣されていたと理解するべきであろう。

秀吉は、四国攻めに際しても、九州攻めに際しても、長宗我部や島津が恭順の意を表してきた段階で、ある程度の本領を安堵して旧領の支配権を認めている。土佐国は長宗我部という領主を通して秀吉に支配されることとなり、薩摩・大隅は島津という領主を通して秀吉の支配に帰するのである。小田原攻めの際に見参した伊達政宗にしても、彼は本領を安堵され、彼を通して奥州は秀吉に帰したのである。

しかし、戦国大名の出現を見なかった紀州では、九州の島津や四国の長宗我部に相当する立場の人物が存在してはいなかったのである。一揆の頭目と目された土橋平丞さえも、戦況不利と見るや行方をくらませているのである。しかも、紀州の人々は、中世以来の寺社に支配された荘園が多く、領主の没落とともにまったく支配されることのない自由な存在であった。前掲のルイス・フロイスの書簡で、そのような雑賀の人々を、彼は「富裕な農夫」と表現している。

秀吉は、紀州に攻め込んで戦闘に勝利することは、至極たやすいことであると考えていただろう。しかし、戦闘に勝利しても、その後の支配方法が確立しない限り、紀州は秀吉の支配に帰したとはいえないことをよく理解していたと思われる。何よりも、『信長記』によると、天正五年に信長が紀州雑賀を攻めた時、その戦闘はきわめて短時間で趨勢が決した。しかし、京都の政情不安を理由に、信長が京都に帰陣した途端、戦闘に負けたはずの紀州雑賀は、もとの雑賀に回帰して、その後も本願寺を支え続けたのである。

天正十三年の紀州攻めに際して、秀吉は戦闘に勝つことはもとより、それ以上に戦後の紀州が秀吉政権に利あるものでなくてはならないと考えていたものと思われる。そのため、紀州の隅々まで支配体制を整える必要があったのである。具体的には、太田城を水攻めにしている間に、四月四日には紀三井寺に、同十四日には淡島神社に、同二十五日には日前宮に、秀吉軍は禁制を発行している。これら寺社の中世的権威を完全に否定しているのである。このような行為は、ここにあげた寺社だけではなく、強大な軍事力を背景に紀州全土で行われたであろうことは想像に難くはないだろう。

天正十三年の紀州攻めに一〇万の大軍を率いたことについては、前掲の山室氏の著書では、多分に天下人秀吉を地方の人々に見せつけるパフォーマンス的な要素が強く、以後九州攻め・関東攻めにこのような要素が引き継がれるとする評価もある。確かに、そのような要素も否定することが出来ないかもしれない。しかし、上述したように、このとき秀吉が率いた一〇万の大軍は、単に太田城を水攻めにするためだけのものではなく、戦国大名に統治された経験のない紀州に、秀吉が理想とする近世支配を構築するための軍事力であり、そのような政策を支えるための、実質的な軍事力であったと考えるべきであろう。

3　紀州長期滞在と和歌浦

支配された経験のない紀州に、新たな近世支配を構築するためにはかなりの長期間を要したであろう。そして、全国に勇名を馳せた戦国大名の存在しない紀州で、そのような長期間の紀州滞在を理由付ける必要が存在したのである。その理由付けに用いられたものが、太田城の水攻めだったのである。水攻めは、織田信長生存中の天正十年に、やはり秀吉自らが備中高松城攻めで採用した作戦である。そして、それがかなりの長期間を要するものであることは周知のことであった。

それでは、天下人秀吉が紀州に長期滞在することの理由付けは、誰に対して必要だったのだろうか。秀吉は「筆まめ」だったといわれる。現存する秀吉の書状の量は、他の同時期の戦国大名のそれと比べても、格段に多いことは大方の認めるところであろう。それらの書状は、何れも遠征地から京都にいる妻や家臣に差し出されたもので、戦況を簡潔に記すとともに、彼の地での余裕な様を綴っている。山室氏の前掲著書によると、時には、同じ戦況を伝える異なった書状の中で、その戦況の有利さが日を追って誇張されていることさえもある。

これらの書状は、距離を隔てた親しいものへの旧交を温めるために認められたものではないだろう。むしろ、京都を離れている秀吉が、遠征地で有利を極め、必ず凱旋するであろうことを、京都に宣言しているのである。そして、その書状を受け取った秀吉の家族や家臣を経て、その内容は即座に京都中に吹聴されたであろう。すなわち、これら多くの書状は、秀吉の「I shall return」の宣言にほかならないのである。すなわち、秀吉は、そのような宣言を常にまめまめしくしなくてはならないほどに、京都の政情を心配しなくてはならなかったのである。

山崎の合戦に勝利した秀吉は、紛れもなく信長の後継者であった。しかし、それは後に天下人となった秀吉の動向を知っている今日の私たちの評価である。紀州攻めが行われた天正十三年段階、東海には徳川が、四国には長宗我部が、九州には島津が、東北には伊達が、そして中国には向背定まらない毛利が、それぞれ健在であった。すなわち、秀吉が信長の後継者であったとしても、四方を敵に囲まれた状態だったのである。そして、天下人と目されていた信長さえも、たった一夜で本能寺に散ったのである。

長い歴史を見れば、武力をもって京都に駆け上ってきた武将たちは、平家も木曽義仲も松永弾正も三好長慶も、後から駈け登ってきた勢力に追い落とされ、あまつさえ、綸旨や宣旨をもって朝敵の汚名を着せられることもあったのである。信長の後継者を自認する秀吉であっても、京都を留守にしている間に、一夜にして朝敵とされる恐れは、十分にあったと思われる。しかも、そのような綸旨や宣旨を整えるのは、戦闘をしたこともなければ世事にも疎い公家たちなのである。秀吉が紀州に長期滞在するためには、これら公家たちが納得する理由を提示する必要があったのである。

その提示すべき理由が、長期滞在を要する水攻めを行うことであったと思われる。しかし、水攻めが作戦に長期間を要することを、公家たちが理解できたとしても、なにゆえ紀州攻めでその作戦を行う必要があるのかという問題が生じてくるであろう。秀吉が水攻めを行ってまでも紀州に長期滞在したい理由として、京都の公家たちが最も納得する理由は、まさしく太田城水攻め中に秀吉が行った和歌浦遊覧なのである。

和歌浦は、古代に数次の行幸があったため、『万葉集』をはじめとする勅撰和歌集に収められた多くの和歌の題材となっている。[4] 熊野参詣・高野参詣を行った平安時代・鎌倉時代の公家たちも、その往来の途中で必ず遊覧する名勝地であった。[5] しかし、行幸が途絶え、公家たちの高野・熊野参詣が途絶えた室町時代以後、公家たちは久しく和歌浦に遊覧することがなかったのである。

しかし、日常的に和歌をよみ、物語に親しんでいた公家たちは、和歌浦を机上で十分に熟知していたのである。室町時代の嘉吉三年九月に、飛鳥井家の当主飛鳥井雅永が和歌浦玉津島に参詣している。そして、それは彼をして「多年の宿願を果さむため」と吐露せしめたのである。(6) すなわち、京都の公家たちにとっては、熟知しているにもかかわらず、遊覧することが出来ない、それが和歌浦だったのである。

公家たちにしてみれば、紀州に攻め込んだ秀吉が、紀州で中世的権威の潰滅と、近世支配の構築に苦慮していることなどは、まったくの埒外であっただろう。しかし、その秀吉が紀州攻めの最中に、和歌浦に遊覧したことは、最も共感できることであっただろう。机上で和歌浦にあこがれ続けてきた公家たちは、それほどの豪傑のいない紀州で、秀吉が太田城を水攻めにしてまでも、紀州に長期滞在したいのは、和歌浦に遊覧したいからに違いないと邪推したことは間違いのないことだろう。戦闘を知らず、世事に疎い公家たちに、秀吉が放った「I shall return」のメッセージこそが、和歌浦遊覧そのものだったといえるだろう。

4　和歌山城の築城

秀吉は、紀州攻めの総仕上げとして、和歌山城を創建している。『福島県史』に収める三好家文書の中に七月二日付遠藤山城守宛羽柴秀吉書状がある。秀吉は、この書状の中で最後に紀州攻めのことに触れている。また、書状の中で伊達輝宗と在世中の織田信長との親交が触れられていることから、伊達家重臣遠藤基信に宛てたものと思われる。このように考えると、基信は天正十三年十月に没しているので、この書状は天正十三年七月二日付であると思われる。

本書状の書き出しは、「去年八月廿日之書状、今日至到来」とあることから、基信からの天正十二年八月二十日付の書状に対する返信であることがわかる。本文は箇条書きで五箇条にわたって記されている。

第一条は、栗毛の馬を贈られたことに対する礼を述べている。第二条は、伊達輝宗と在世中の織田信長との親交に触れている。第三条は、本能寺の変の顛末を詳細に記し、中国大返しの経緯を述べている。第四条では山崎の合戦で明智光秀を滅ぼしたことを述べている。そして、第五条で紀州攻めの経緯を述べている。

おそらく、向背が定まらない伊達家の有力者に、秀吉自らが信長の後継者であることを明確に主張し、その後も紀州攻めを行い、着々と勢力を伸ばしていることを述べているのであろう。そしてその第五条に、和歌山城築城のことが次のように触れられている。

去三月廿一日、泉州出馬当候、敵城三責崩、数多刎首、翌日根来押詰、悉令放火、雑賀一揆奴原、不残打捨候、然者、熊野浦迄平均申付、紀州和哥山ニ拙弟秀長置候、居城相

拵、紀・泉両国、不残申付候条、於時宜より、可被心易候、猶宗洗に申聞候、謹言

この中で、「紀州和哥山ニ拙弟秀長置候、居城相拵、紀・泉両国、不残申付候条」とあり、和歌山に城を創建し、弟の羽柴秀長に紀伊国・和泉国の支配を申し付けたと記している。このことから、七月二日には和歌山城はほぼ完成していたものと思われる。(7) そして、この書状に「和歌山」という地名が初見するのである。もちろん、先述のごとく秀吉の書状には、自らの優位を誇示するために、かなりの誇張があることはたしかである。しかし、天正十三年三月二十五日付小早川隆景宛羽柴秀吉書状にも、「秀吉儀者紀湊ニ拵城」とあり、同年四月十三日付惟住長秀宛羽柴秀吉書状にも、「爰元ニハ美濃守可残置与存、普請申付候」とも見える。

もちろんこれらも、誇張の多い秀吉の書状によるものである。しかし、「紀州御発向之事」にも、和歌山城築城のことは次のように記されている。

扨紀州・泉州御舎弟美濃守秀長支令守護之、彼両国海近而海賊易付、山嶮而山賊易伏、非良将者難鎮撫之、秀長常専軍忠、紀臣下猥、不成憲法沙汰、依之小雑賀曰岡山所定居城、分人数、成普請、彼岡府中而平地独秀城郭也、南和歌浦、西吹上浜、従東紀川北流入紀港、麓林深諸木交条、誠万景一覧之境致也

ここでも、秀長に紀伊・和泉両国の支配を委ねたことと小雑賀の岡という地に城普請を命

じたことが記されている。しかも、その立地については、非常に詳細にしかも正確に描写している。おそらく、大村由己が秀吉に近侍し、実際に城地を実見した上で記したものと思われる。これらのことから、紀州攻めのさなかに和歌山城の築城が命ぜられたことは事実と考えてよいだろう。

ただ、ここでは岡という地に城普請が命ぜられたとのみ記しており、その城郭名勝は記されていない。さらに、天正十三年四月二十六日付根来寺僧明算宛次右衛門尉宗俊書状にも、「小一郎殿ニ一万人数ヲ被相副、岡山之普請被仰付候」と見える。(8) すなわち、秀吉が紀州攻めを終えて大坂帰着後も、普請の命じられた城地の地名をもって語られているのである。これらのことから、和歌山城の命名は城郭の完成を待ってなされたものであると考えられよう。

5　和歌山城の命名と和歌浦

秀吉は、言葉遊びに長けた人物である。少年時代駿河国で松下嘉兵衛に仕えていた頃、元服を促され、自ら木下藤吉郎を名乗ったことが、『甫庵太閤記』に見える。自らそのように名乗ったことは、信憑性の高いとされる『信長公記』に「木下藤吉郎」と見えることから間違いはないだろう。しかし、武士の名前として「藤吉郎」という名は、まったくありえないといっても過言ではないだろう。

武士は、一般的に源平藤橘のいずれかの家柄に属していると自称する。そのため、源氏であれば、その名は源太・源次・源三、平氏であれば平太・平次・平三、藤原氏であれば藤太・藤次・藤三、そして橘氏であれば、橘の音が吉に通じることから、吉太・吉次・吉三と名乗ることになる。このように考えると、藤吉郎は藤原氏と橘氏が混同したものであり、武士の名乗りとしてはまったくありえないことになる。しかし、比較的信憑性が高いとされる『信長公記』永禄十一年九月十二日条によると、「佐久間右衛門・木下藤吉郎・丹羽五郎左衛門・浅井新八、仰付けられ、箕作山の城攻めさせられ」と見える。このことから、秀吉は間違いなくそのように名乗っていたのである。

秀吉自身は、覆い隠しようもない尾張中村の百姓の出身である。これがもし覆い隠せるものであれば、彼も源平藤橘のいずれかを名乗ったであろう。しかし、それは不可能であった。しかも、彼の実力ではあろうが、群を抜いて出世が早かったのである。同僚の嫉妬を避けるためにも、自ら武士とはいえないような存在であると、卑下して名乗ったものが藤吉郎であったのではないだろうか。

また、彼は木下の後に羽柴を名乗ることになる。これは、小瀬甫庵『太閤記』（国民文庫『真書太閤記』）によると、「御家の老臣柴田・丹羽の名字を一字づつ申し請け度存じたてまつる」とある。織田家の重臣柴田勝家と丹羽長秀にあやかって羽柴と名乗ったことになっている。もしそのような理由での命名であるとするならば、たしかに柴田と丹羽は溜飲を下げたかもしれない。しかし、秀吉が気を使うべき織田家の重臣は、他にも滝川一益や佐久間信盛などがいたのである。そのような命名理由であれば、秀吉は柴田・丹羽以外の織田家重臣から総攻撃を受けることになってしまうだろう。おそらくは、羽柴氏は端々につながり、織田家の重臣の端々に連なるものであることを、自ら卑下して他の重臣の嫉妬を避けようとしたのではないかと思われるのである。

以上は、かなりの憶測を含めて推測したものであるが、秀吉が言葉遊びに長けていたことがわかるだろう。そのような秀吉が、自らの書状で「和歌山」の地名を初めて披瀝しているのである。このことについて、『紀伊続風土記』は和歌山の地名起源を次のように記している。

若山の城と称す、此地吹上浜の東に峙を以て、吹上峰と号し、又岡山の北首に在を以て岡山の名あり、岡山の南和歌浦の諸山と其勢相接きて、和歌の名最四方に高きより、取て若山と名つくといふ

これによると、南に有名な和歌浦を配する山の上に城を築いたことによって、和歌山城と呼称するようになったというのである。ただし、それが誰によって呼称されはじめたかは、『紀伊続風土記』は明確にしていない。しかし、確かな史料で「和歌山」の地名を初めて披

瀝したのが秀吉であり、和歌浦に対峙した山を和歌山とするような言葉遊びの感覚からすれば、そのように呼称しはじめた張本人は、天下人秀吉であったと考えるべきであろう。紀州徳川家が総力を挙げて編纂した『紀伊続風土記』においては、城と城下町の地名命名者として秀吉を明記することが憚られたのであろう。

このようにして、紀州の人々を圧する近世城郭は、紀ノ川平野の岡山に築城され、完成後に和歌浦にちなんで和歌山と命名されたのである。中世支配を駆逐し、近世支配を構築しようとした秀吉にとって、その象徴とも言うべき天守閣を、紀州の人々に仰がせることは、紀州の人々に新しい時代が到来したことを実感させたであろう(9)。そして、その城郭を、和歌山城と名付けることによって、和歌浦にあこがれる京都の貴族たちは、秀吉に限りない喝采を送ったことだろう。

おわりに

小稿は、天下人羽柴秀吉と和歌浦の関係を論じてきた。まず、天下人秀吉が和歌浦を遊覧したという唯一の記録「紀州御発向之事」の史料的信憑性を検討した。その結果、秀吉の書状をはじめとする同時代の第一次史料とまったく齟齬のないことを指摘した。その背景には、この史料を記録した大村由己が天正十三年の紀州攻めに、秀吉に近侍して従軍していたものと推定した。

次に、太田城に立て篭もった軍勢と、秀吉が率いた軍勢の懸隔した差異から、秀吉の紀州攻めの最終目的が太田城の開城ではなく、戦国大名に支配されたことのない紀州に近世支配を構築することにあったと指摘した。さらに、そのために紀州に長期滞在する必要があり、城攻めに長期間を要する水攻めが行われたことを指摘した。

また、勇名を馳せた武将のいない紀州で、水攻めを行う理由として、京都の公家たちがあこがれてやまない和歌浦遊覧を行ったものと考えた。そして、近世支配の総仕上げとして、和歌山城の築城が行われたものと指摘した。その城郭の築城命令は、紀州攻めの最中に発せられ、その年の七月頃にはほぼ完成していたものと考えられる。そして城郭の完成後、和歌山城と名付けられたことを指摘した。さらに、和歌山城の命名は、和歌浦に因むもので、言葉遊びに長けた秀吉の発案だっただろうと推定した。

秀吉は、武将として有能であったことは確かであろうが、それ以上に政治家であった。それゆえ、民衆を統御することに腐心していた。それまで、ザビエルが「富裕な農夫」と比喩した支配されたことのない紀州の人々に、天守閣を仰がせることは、彼等に新しい時代が到来したことを痛感させたであろう。しかし、それ以上に、政治家秀吉が恐れたものは、戦争を知らない、そして世事に疎い京都の公家たちに、紀州で秀吉自身が長期滞在することへの疑念を抱かせないことであっただろう。

そのためには、公家たちが最も共感を催す和歌浦遊覧が相応しいものだったのである。そして、近世支配の総仕上げとして築城した城郭に、和歌浦にちなんで和歌山城と命名することであったと思われる。和歌浦はそれほどまでに戦国末期に知識人を魅了した名勝だったのである。そして、天下人秀吉はその和歌浦の価値を十分に知り尽くしていたといえるであろう。

注

（1）拙稿「天正十三年秀吉の紀州攻め進軍路」（『和歌山市立博物館研究紀要』三号、一九八八）。

（2）それぞれの日の秀吉の動向を示す史料は、その動向の末尾に記したが、「三月二十七日付前田玄以宛羽柴秀吉書状」（専徳寺所蔵）を除いて、総て『和歌山市史』第四巻（古代中世史料編）に所収されている資料を用いた。なお、専徳寺所蔵文書の釈文は、『戦国時代の紀州雑賀』（和歌山市立博物館、一九八八）による。

（3）太田城水攻めの政治的な意味については、拙稿「太田城水攻めの政治的意義」（『紀州経済史文化史研究所紀要』二十九号、二〇〇八）を参考されたい。

（4）拙稿「古代の行幸と和歌浦」（『有坂隆道先生古稀記念日本文化史論集』、同記念会、一九九一）参照。

（5）小山靖憲「中世の参詣記にみる和歌浦」（『和歌の浦　歴史と文学』、和泉書院、一九九三）参照。
（6）拙稿「紀俊行氏所蔵飛鳥井雅永和歌懐紙」（『和歌山市立博物館研究紀要』1、一九八六）参照。
（7）三尾功「創建期和歌山城について」（『近世都市和歌山の研究』、思文閣出版、一九九四）は、近世地誌の記述を批判して、その鍬始を四月ないし五月であろうと推定するが、その完成時期については結論を保留しておられる。これに対し、新谷和之「成立期和歌山城の政治的意義」（『和歌山市立博物館』二十八号、二〇一三）は、四国攻め後の天正八年十月四日付の「藤堂高虎宛長曾我部元親書状」（『高山公実録』上）によると、その時点で和歌山城普請に携わっていた藤堂高虎が、「若山」にいたことをもって、なお和歌山城築城作業は継続していたとされる。たしかに付帯工事は継続していたかもしれないが、城郭本体工事の完了を待たずに命名したとは考えられないことから、和歌山の名を報じた七月二日には、本体工事は完了していたものと考えたい。なお、藤堂高虎の和歌山滞在は、築城工事のためというよりも、四国攻め兵站基地である和歌山の守備を主任務とするものであったと考える方が妥当であろう。
（8）三浦圭一「羽柴秀吉の紀州攻撃について」（『大阪の歴史』6、一九八二）に紹介された史料による。
（9）最近では、新谷前掲論文（注7）が、「和歌山城の築城を豊臣政権の「統一」事業の一環として」捉える所論を展開しておられる。

第二章　紀州東照宮と和歌浦

はじめに

元和二年（一六一六）、徳川家康は駿府城で七五歳の生涯を終えた。その遺骸は、家康の遺命によって、駿府城南東郊外の久能山に葬られた。しかしその翌年、東照大権現の神号が贈られるとともに、同年に天海僧正の進言によって、日光東照宮に改葬された。その後、幕府・親藩・譜代はもとより外様に至るまで、多くの大名たちが東照大権現を自らの領国に勧請した。また、正保二年（一六四五）には宮号宣下があって、以後東照大権現を祀る社は、東照宮と呼称されることになった。

幕府では、元和四年に江戸城内紅葉山に東照宮がおかれた。また、御三家も尾張徳川家が元和五年に、水戸徳川家と紀州徳川家は元和七年に、それぞれ領内に東照宮を勧請している。これらは、自らと徳川家康の関係をことさらに誇示し、幕府への忠誠を訴える要素が多分にあったものと思われる。それゆえに、御三家の東照宮勧請後に、譜代から外様大名にいたるまでの各大名家がこぞって東照宮を勧請し、幕末には全国に五百を数えたとも言われている。

ところで、御三家それぞれに勧請された東照宮の立地を見ると、尾張藩の名古屋東照宮は、名古屋城三の丸に位置し、その南は城下でももっとも繁華な本町が接している。また、水戸東照宮は水戸城に接する水戸城下に位置している。これに対して、紀州東照宮は、城下南郊城下外の和歌浦に位置しているのである。

この立地の異なりは何によるものであろうか。名古屋東照宮や水戸東照宮は、藩主の御座所から至近の距離にあり、勧請した東照宮を藩主自らが親祭することを強調すべく立地せしめたであろう。それならば、紀州東照宮はなにゆえ城下から離れた和歌浦に立地することになったのであろうか。この和歌浦に立地するということは、幕府や尾張藩・水戸藩の東照宮の立地とあまりにも異なる要素を含んでいるように思われるのである。

このような問題を考えるため、小稿ではまず紀州東照宮の遷座の詳細を確認したい。そして、紀州東照宮がなにゆえ和歌浦に立地したかについて考えてみたい。さらに、郊外に位置することによって、尾張や水戸に比べて藩主親祭を強調できない側面を、紀州藩はどのように克服したのかを考えてみたい。

1　紀州東照宮の遷座

紀州東照宮の遷座については、比較的早いものとして、「紀州東照宮縁起」がある。本縁起は、その手本となる「日光東照宮縁起」の成立が、寛永十六年（一六三九）であることから、それ以後であり、本縁起の題簽が「東照社縁起」となっていることから、宮号宣下の行われる正保二年までに成立したとかんがえられる。[1] 絵は住吉如慶の筆になり、詞書は青蓮院尊純法親王であると伝える。

「東照宮縁起絵巻」は各所に伝来しており、いずれも家康の生涯を描いている。しかし、「紀州東照宮縁起」の第五巻には、例大祭（和歌祭）の渡御行列図が描かれている。その詞書に紀州東照宮遷座の経緯が略述されている。紀州東照宮遷座から三〇年も経過していない時点での成立であるため、以下にその詞書を翻刻しておきたい。

元和辛酉紀伊太守源大納言頼宣卿、和歌山の城南にをいて、東照大権現鎮座の地をもとめられしに、わかの浦の山頭に祥瑞ありしかは、すなはちその所を点して締構をくはだて神祠を経営す、百工心を砕き、丹青手をつくしぬれハ、すみやかに成風を丶へしむ、既にして大僧正天海を導師とし、同年仲冬十七日に遷宮をとけたてまつる、此日雨いたく降しかとも、刻限にいたりて天気晴朗たり、偏是霊神の冥助なりけんかし、今宵戌刻はかりに遷宮の作法おこなひ侍しに、伎楽の伶倫は曲調を階下に奏し、歌讃の僧侶は音律を堂上に発す、其声雲井にすみのほりて、をのつから心肝に銘す、此事かねてより天聴に達しぬれハ、いともかしこき勅をうけて、中御門の大納言資胤卿・広橋の宰相兼資卿着座ありて、神殿のかさり会場のよそひ尤儼然なり、かゝる孝敬のいたりをは、あきらかにみそなはしたまふらめと、神の御心そらにをしはかる、いまかはかりの志願ことゆへなくとけおこなひ、神をうやまひ君をいのらしむるよろこひいかはかりそや、されは斯地にもとよりありし玉津島・菅原神も、ともにひかりをそへて、擁護おわせんとにやといよゝゝたのミけり、さすかゆへある所のさまなれは、物色動情触境催感者也、浦わハるかにみ渡せは、波も空もひとつにて、千里の外まて眼の前につきぬ、こゝかしこ海山のたゝすまい、さなからゑにかゝまほし、まことに色をはえたる勝地意にかなふ風景なり、玉つしまよりみていませと読けむも、にわかにおほゆ、浜辺をミれは枝さしおいかゝまり、つくろへるやうなる奇樹あり、布引の松といふ、又頭を回せは入江をへだてたる紀三井寺もいと興あり、すへて此わたりはゆひのさすところ、あしのふむところ佳境ならすといふ事なし、むへもかゝる処に宮居を卜給ふ事よとみな人いひあへり、就中翌年う月中の七日に、はしめて祭礼とりおこなはれたる、依之神輿臨幸の儀式ハ、先弓矢を携へ旗旄をたて、騎馬介冑の士僧俗社司以下の供奉人まて美麗をつくし、いかめしき有さま見ところ有てめつらかなり、さて仮殿にわたらせ給へは、神供歌舞鄭重の法式ことをわりて還幸なしたてまつる、ことにかの神幸を拝せむとて、人群をなしけるに、隣村の農夫喪穢にふれたるもの、此処にまうてきたらむと数輩舟に乗て出にしかハ、いまたいたりつかすして、海上一里許にして逆風波を捲、暴雨舟を覆せは、穢気の族まのあたり没溺すといへとも、たま〻〻潔斎の者五六輩ありて、つ〻かなく死をのかれしも不思議也、それよりのち触穢のともから白地にも廟前に徘徊すれは、かならす咎あることたひ〻〻なりと云々、殊更太守和歌山を当社に附納し、膏腴の田をもて永代無朽の神領によせをかれ、例年式日の祭奠其外臨時の祭礼怠る事なし、加之円宗の法味をこらせ不退の薫修猶厳重なれは、児孫の余裔にいたりても、武運に武運をそへ、萬歳又万歳とあふきたうとミ給はむにをいては、求願なんそむなしからんや、当社の由来粗これをしるし侍るのみ、

これによると、東照宮の宮地の選定は紀州徳川家初代頼宣《よりのぶ》によってなされたという。起工は、「元和辛酉」とあるから、元和七年としている。そしてその遷座は、「同年仲冬十七日」とあるから、元和七年十一月十七日であるとしている。本縁起には、宮地選定理由と思われる文章が含まれており、その信憑性を論じるためにも、この遷座年月日が正鵠を得たものであるかを検討する必要があるだろう。

『南紀徳川史』南龍公一によると、宮地の選定は元和六年六月に、頼宣によってなされ、元和七年十一月に完成し、十一月二十四日に遷宮したと伝えている。すなわち、「紀州東照宮縁起」が遷宮したとする日と明らかな齟齬があるのである。これについて、同じく『南紀

①上段：東照宮下を出発する後の渡り物最後部
下段：御旅所に到着する先の渡り物

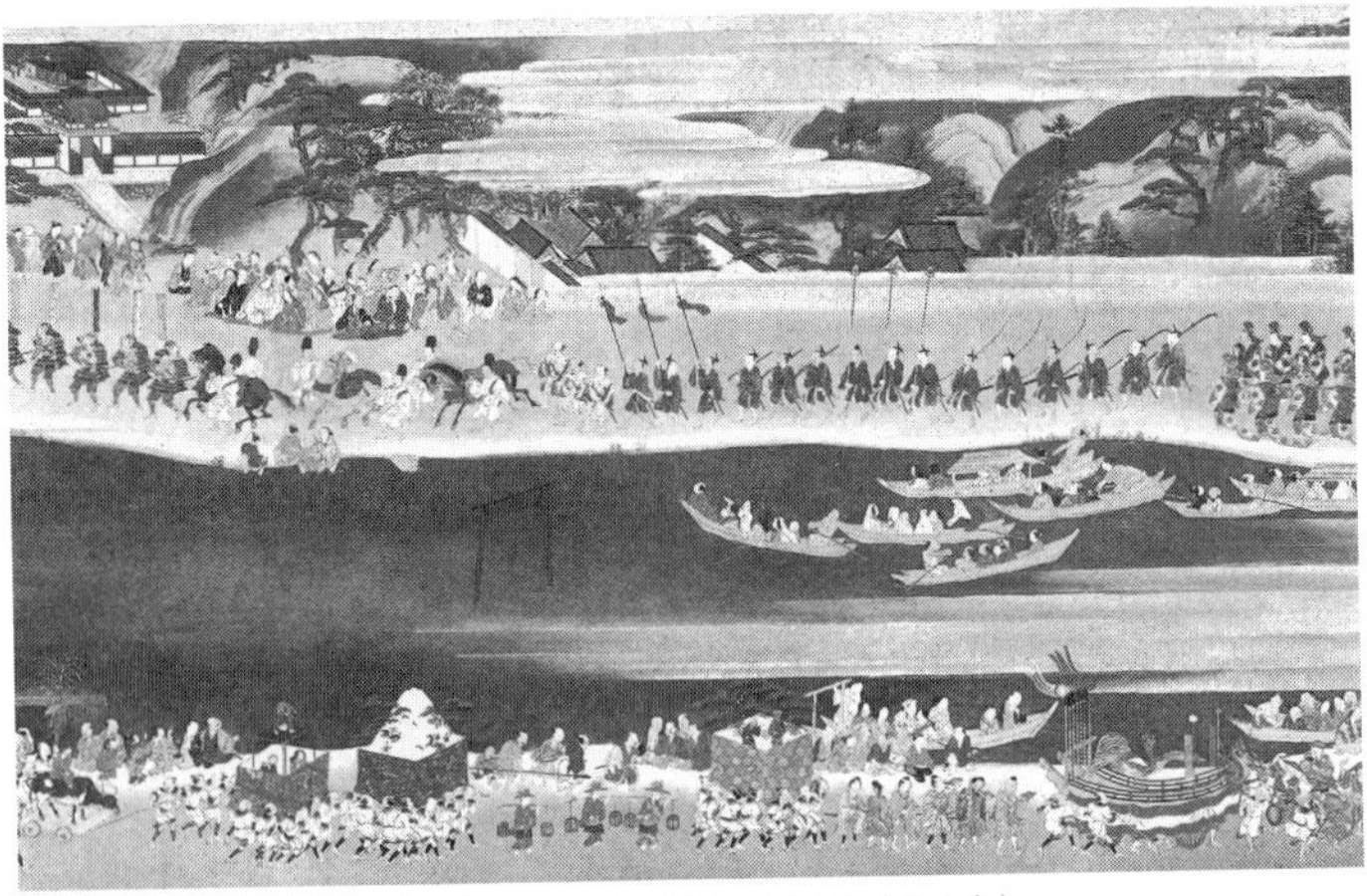

③上段：後の渡り物前部とそれに先駆ける練り物（鎧武者）
下段：練り物（お関船等）

東照宮縁紀絵巻　第五巻　住吉広通筆（紀州東照宮蔵）

②上段：後の渡り物中部
　下段：先の渡り物後部とそれに続く練り物（長刀振り等）

④連綿と続く練り物の行列

徳川史』社寺制一によると、「元和七年十一月廿三日仮殿御遷宮、同廿四日正遷宮、廿五日御法事」とあり、やはり遷宮を十一月二十四日としている。

『南紀徳川史』は明治維新後の成立である。したがって、「紀州東照宮縁起」の成立よりもかなり遅いことになる。成立年代的には、「紀州東照宮縁起」に信を置くべきであろう。しかし、元和七年に宮地を選定してその後に起工して、同年十一月十七日に遷宮を終えるというタイムスケジュールはあまりにも性急に過ぎるように思われる。また、「和歌浦天曜寺建立之記」にも、紀州東照宮の遷座を十一月二十四日としている(2)。さらに、『南紀徳川史』社寺制一の記述は、かなり具体的であり、信を置くにたるものと思われる。

それでは、本縁起はなにゆえ遷座の日を十一月十七日と誤認したのであろうか。これより先、元和五年に名古屋東照宮の遷座式が執行されている。その日付は、九月十七日であった。これは、元和二年四月十七日に没した徳川家康の月命日である。このような例を見たとき、元和七年十一月に遷座したのであれば、それは家康の月命日に執行されたものと、短絡的に考えたものと思われる。

以上、「紀州東照宮縁起」詞書の遷座に関する記述の信憑性について論じた。その結果、その記述に信を置きがたいことを述べた。次に、紀州東照宮の立地を考える上で、このことを念頭において考察をすすめることとしたい。なお、紀州東照宮創建後の周辺整備については、藤本清二郎氏の「紀州徳川家と和歌の浦」(『和歌の浦 歴史と文学』、和泉書院、一九九三)に氏の詳細な研究があるので、ここではあえて繰り返さない。

2 紀州東照宮の立地

紀州東照宮の遷座に関しては、『南紀徳川史』の記述が、「紀州東照宮縁起」の詞書よりも信憑性が高いと思われる。しかし、『南紀徳川史』の記述は、きわめて簡潔であり、紀州東照宮がなにゆえ和歌浦に立地したかについての、積極的な記述を認めることは出来ない。わずかに、『南紀徳川史』南龍公二の元和七年十一月条に、紀州東照宮完成を伝える記述の中に、次のように見える。

初公之就封、首相廟地於四方、莫如和歌浦之善、終卜定之、祠宇結構一倣久能山廟、

すなわち、頼宣が紀州入国後東照宮の宮地を求めたところ、和歌浦に過ぎるほど好立地の場所がないので、和歌浦に決定したというのである。そして、社殿のあり方(祠宇結構)については、もっぱら久能山東照宮に倣ったというのである。家康の遺骸は、すでに元和三年に日光東照宮に改葬されているにもかかわらず、日光ではなく久能山に倣ったというのである。

このことによって、頼宣の紀州東照宮宮地の選定基準は、久能山東照宮のあり方を基準に

していたことが明らかにわかるのである。久能山東照宮の立地は、駿府城下郊外の南の海に面した山上である。このことを基準に考えると、和歌浦は、和歌山城下郊外のやはり南に海を臨む山上に位置しているのである。急峻な階段を上り詰めて、社殿に達して振り返ると、両社とも南に広がる海を目の当たりに見ることができるのである。まさしく、久能山東照宮の立地に合致するものであろう。

頼宣が、紀州東照宮の立地を、日光東照宮ではなく、久能山東照宮に倣ったのは、どのような理由があったのであろうか。紀州入国前の頼宣は、駿河を領しており、駿府城に居を構えていた。そして、彼のかつての領国である駿河は、まさしく久能山東照宮を擁していたのである。しかも、彼が居を構えていた駿府城で、家康は息を引取っているのである。紀州東照宮の立地を、久能山東照宮のそれに準ずることは、家康の晩年を最後に共にしたのは、外でもない久能山東照宮の立地する駿河を領していた頼宣であったことを主張することに他ならないのである。それゆえに、頼宣は紀州東照宮の立地を、日光東照宮ではなく、久能山東照宮に準じたものと思われる。

『南紀徳川史』を通観しても、上述したこの一文以外に紀州東照宮の宮地選定に関する記述はないように思われる。これに対して、「紀州東照宮縁起」には、それと思われる記述が見られる。まず、「東照大権現鎮座の地をもとめられしに、わかの浦の山頭に祥瑞ありしかは、すなはちその所を点して締構をくはだて神祠を経営す」と見える。これは、『南紀徳川史』南龍公二の元和六年六月条に、「卜定東照公廟地於和歌浦」とある記述と通じるものがあると思われる。もちろん、都合よく和歌浦の山上に「祥瑞」が立ち上るはずもないだろう。その背景には、頼宣自身に宮地を当初から和歌浦に選定したいという強い意志があったとするべきであろう。

紀州東照宮社殿（著者撮影）

また、詞書によると、紀州東照宮完成後のその立地について、古代からの玉津島を配すること、海と山とが一体となってきわめて風光明媚なこと、はるかに紀三井寺を望むことなどを列挙している。そして、歴史的な環境に優れていることをのべて、「すへて此わたりはゆひのさすところ、あしのふむところ佳境ならすといふ事なし、むへもかゝる処に宮居を卜給ふ事よとみな人いひあへり」と記している。

すなわち、紀州東照宮の周辺は、指差すところ、足を運ぶところ、それらすべてが「佳境」であると、人々が絶賛したというのである。もちろん、人々が絶賛した評価とは、宮地を選定した頼宣の強いそのような意志がそこにあったからであろう。すなわち、和歌浦を「佳境」と評価したのは、頼宣自身であったといえるであろう。しかし、このような評価は、紀州東照宮遷座日にさえ信を置くことのできない詞書から導き出したものである。それゆえ、しばらくこのような記述そのものを、詳細に検討する必要があるだろう。このことに関して、『南紀徳川史』南龍公五に収める「御言行」の中に、和歌浦に関する次のような記述がある。

或時、新田開発の場所を見立候事有る、和歌浦近辺其外七八ケ所、絵図に致し奉行其外役人御前へ持参致ける、頼宣君御覧被成被仰けるは、我勝手の便りに宜とて、名有池を埋、名ある山を堀崩し、田畠に致ましく候、殊に廿一代集に入名、歌に書のせたる名所・旧跡をは堅くいろふへからす、末代に至りて、紀伊大納言か新田を開き、利欲の為に、歌の集に入、詩文に載たる名所・旧跡の田畠に致たり、扨も愚蒙なる人にて有けるよと、末代に我等を嘲、恥を末世に残し、万人の笑ひにならん事、掌を指すかことし、必々名木を伐、名地を埋、名所・旧跡を新田に致候事、ゆめ〱不可仕と急度被仰付ける、先年布引の松の枯し時も、殊の外おしみ被成、さま〱の薬を被仰付しなり、去に依て度々役人を被遣御領分の名所共を御穿鑿有て、其跡の絶ぬ様に被成ける、

頼宣が紀州入国後、新田開発予定地を、臣下に図面を添えて提出させた。その候補地七八

か所の中に和歌浦が含まれていた。それをみた頼宣は、和歌浦は歴史的な名勝であり、歴代の勅撰和歌集にも多く詠まれている。そのような名勝を、新田にしたとあっては、「愚蒙」な人であると、末代までも嘲笑の的になるであろうから、和歌浦の開発は絶対に行ってはならないと命じたというのである。

この逸話は、頼宣の言行を集めた「大君言行録」にも収められている。言行であるため、これがいつ頃のものかはわからない。ただ、和歌浦に紀州東照宮が完成して後のことであれば、その周辺は頼宣の指揮のもとにすでに整備に取り掛かっていたであろう。それゆえ、家臣達も新田開発予定地として、和歌浦を候補地に上げることはなかったであろう。したがって、元和六年六月の紀州東照宮宮地選定以前のことであろうと思われる。また、頼宣の紀州入国は、『南紀徳川史』によると、元和五年八月十三日のことである。したがって、このような和歌浦を対象とした新田開発が話題に上るのは、元和五年八月から同六年六月までの間のことであったと思われる。

頼宣の紀州入国については、西国の鎮守として選ばれての入国であったと、『南紀徳川史』は伝えている。しかし、小山誉城氏は、二代将軍秀忠がその次男忠長を駿河に配するため、頼宣は紀州に追いやられたものとされる(3)。政治的な状況を考慮すれば、後者の可能性が極めて高いだろう。だとするならば、紀州入国直後であれば、表高五十五万石を実高でどれほど積み上げることが出来るかを、模索することは当然のことであり、至極ありえたことであろうと思われる。

また、『南紀徳川史』南龍公伝には、「家康公と駿河百万石封国内意」という逸話が収められている。それによると、大坂落城の年に家康から頼宣に百万石に封するとの内意があったが、家康の急逝によって果たされなかったと記している。信憑性には乏しいが、頼宣の石高に対する上昇志向があったからこそ、このような逸話がまことしやかに語り継がれたのであろう。

このように考えると、頼宣は紀州入国直後において、和歌浦が歴史的にきわめて重要な地域であり、全国的にも有名な名勝であることを熟知していたといえるであろう。それゆえ、「紀州東照宮縁起」の詞書に記された和歌浦を絶賛する人々の声は、そのまま頼宣の強い意志を表わしたものと考えることができるだろう。

以上、紀州東照宮の宮地選定について、第一には和歌浦が久能山の立地と通じるものがあったという点を指摘することが出来る。さらに第二として、和歌浦が歴史的にみて多くの資料や勅撰和歌集で讃えられており、全国的に見てもきわめて有名な名勝であったことを、和歌浦に東照宮を勧請した頼宣自身が認識していたということを指摘することが出来るだろう。さらに付け加えるならば、紀州徳川家の初代藩主頼宣が、そのような文人的要素を有する人物であったことも指摘することが出来るであろう。

3　民衆と和歌浦

このようにして、和歌浦に鎮座することになった紀州東照宮の例大祭は、一般的に和歌祭と称されている。しかし、幕府や他の御三家のように、城内や城下町ではなく、和歌浦は城下南郊に位置している。幕府や水戸・尾張が、将軍や藩主による親祭を強調するために、将軍や藩主の御座所から至近の位置に立地したのであろう。このように考えると、城下南郊に立地する紀州東照宮の立地は他と大いに異なることになる。このような問題を頼宣はどのように考えていたのであろうか。

江戸後期のことであるが、城下質商の女房・沼野みねの日記「日知録」（『和歌山市史』第五巻、近世史料編1）の、寛政三年（一七九一）四月十七日条を見ると、「けふハ和歌御神事なれ共、雨天故ことの外人出なし」との記述がある。この日あいにく雨天のため、和歌祭への人出は少なかったようである。それでも、和歌祭は、彼女にとって気がかりな催事であったからこそ、このように日記に記したのであろう。それでは、雨模様でなかった場合の和歌祭はどのような様子だったのだろうか。

幕末のことであるが、「小梅日記」（村田静子『小梅日記』1～3、平凡社東洋文庫、一九七四～七六）を見ると、和歌祭に賑わう和歌浦の様子が、活写されている。沼野みねも川合小梅も、城下町に住まう女性である。その彼女たちが、和歌祭にただならぬ興味を抱いているのである。紀州東照宮の例大祭である和歌祭は、単なる和歌浦の一神社の祭礼ではなく、城下町の人々をも動員する盛大な祭礼だったのである。とくに、「小梅日記」嘉永四年（一八五一）四月十七日条によると、「夜九つ比かへる、大ゑい、かうの池の家内もかごにて来り」とあり、和歌祭のために訪れたと思われる大坂鴻池屋の人々に関する記述がみられる。また、同書文久四年（一八六四）四月十七日条には「旅人多し」とあり、元治二年（一八六五、慶応元年）四月十七日条にも同様の記述が見える。幕末の和歌祭は、城下町や藩領内の人々だけでなく、他国の人々をも引き付ける祭礼であったのである。

和歌祭を「天下三大祭」の一つとして数えることもある。(4) 畿内近国で十万石を越える石高の大名は、幕府の当初からの大名配置政策によって稀有である。その中で、御三家なるがゆえに、紀州藩は畿内近国の紀州において、五十五万石という破格な石高を領しているのである。その紀州藩主が親祭し、五十五万石の財力を投じて催される祭礼が、和歌祭そのものなのである。このように考えれば、和歌祭が、京・大坂の物見高い人々の注目を集めたことはいうまでもないだろう。それゆえ、「天下三大祭」と評されたとしても、それは当時としては、決して過大評価ではなかったと思われる。

このような城下町の人々を取り込んだ祭礼の構造は、いつ頃から認められるのであろうか。和歌祭が、初めて催された元和八年四月十七日の祭礼行列の様子については、復元することができる。その構造を分析された米田頼司氏は、「先の渡り物」と「後の渡り物」に挟まれて、城下各町から繰り出される「練り物」が極めて豊富に認められるということである。(5) そして、紀州東照宮の渡御の先例となる「日光東照宮縁起」に描かれている祭礼渡御行列と比較すると、「先の渡り物」と「後の渡り物」という神事的性格の強い要素については、両者の類似性が認められるが、その間に挟まれる「練り物」は、日光のそれに比べて、紀州のそれは格段に豊富であることがわかる。

寛永年間には、すでに百程度の東照宮が全国に勧請されていたといわれている。しかし、米田氏によると、その頃までに渡御行列が催行されていたことが確認できるのは、日光・名古屋・紀州の各東照宮に限られていたという。しかし、紀州東照宮の渡御行列は、民衆を動員する「練り物」の比率がきわめて高く、他の東照宮の渡御行列とも大きく異なっていたのである。「風流」と評されるこれら民衆による「練り物」が加えられたことによって、紀州東照宮の渡御行列は多くの民衆に注目されていたのである。

「小梅日記」安政六年（一八五九）四月十七日条には、その年の和歌祭を見物した小梅の様子がみえる。それによると、「九つ比御渡り也、拝見して、玉つしまにてさゝべ開きすぐに帰る」とある。また、文久四年四月十七日条にも、「小梅等は御渡り拝見して天神へ参詣し、御山にて弁当開き、夫より又御旅所へ行、みこし前にてほろ、さいか踊り、餅つき踊、長刀振りげいをみて、其外不残みる」とある。小梅自身にとっても、和歌祭の大眼目は祭礼渡御行列の「練り物」見物だったのである。

そして、それは米田氏の祭礼渡御行列の分析からも、明らかに元和八年の当初から目論まれていたのである。間違いなく和歌祭は、藩主の親祭する官営の祭礼である。しかし、当初から民衆を大々的に動員した官民共催の祭礼として始められたのである。親祭であるがゆえに、祭礼には藩主は親臨する。民衆にとってはそのような人々を、祭礼で遠目に眺めることも、きわめて非日常的な興味をそそることであっただろう。「小梅日記」文久四年四月十七日条によると、御簾中が和歌祭にお出でになることが噂となり、小梅はいそいそと和歌浦へ出かけているのである。

他の東照宮とともに、藩主による親祭を堅守しながらも、藩領内はいうに及ばず、藩領外の民衆を動員することによって、城下町とその郊外である和歌浦との垣根を、みごとに取り払ったのである。そして、このような官民こぞって催される和歌祭によって、和歌浦は新たな一面を民衆に見せることになるのである。古代以来、宮廷貴族や大名たちという、古典や和歌文学に親しむ知識階層にとって、和歌浦は間違いなく憧れの名勝であった(6)。しかし、和歌祭に殺到する藩領内外の群集たちの中には、ただ「風流」を楽しむためだけに、和歌浦へとやって来る民衆もいたであろう。

紀州東照宮が和歌浦に鎮座し、渡御行列の和歌祭が毎年盛大に催行されることによって、それまでの単なる古典や和歌文学にみえ、貴族や大名という知識人たちが憧れる名勝和歌浦から、民衆の娯楽である和歌祭の開催される舞台であると認識されることになったのである。すなわち、紀州東照宮が和歌浦に鎮座し、毎年和歌祭が催行されることによって、多くの民衆を動員したのである。このことによって、和歌浦の大衆化が果たされたということが出来るだろう。

江戸時代には、和歌浦を描いた絵画が多く制作された[7]。名のある文人画家による作品は、和歌浦に憧れる富裕層や知識人によって所望されたものかもしれない。しかし、一方では木版墨刷りの一枚物が大量に発行されている。しかも、わずかに数年を隔てて、同じような刷り物が重ねて発行されている[8]。これらの刷り物は、多くの民衆の手に帰したものと思われる。これら和歌浦を描いた刷り物を、多くの民衆がその手元に置きたがっていたことを如実に示しているのである。その背景には、上述のように和歌浦が天下三大祭である和歌祭の舞台として、民衆に広くかつ強く認識されたという事実が、大きく作用していたものと考えてよいだろう。

おわりに

小稿は、紀州東照宮と和歌浦について論じてきた。まず、「紀州東照宮縁起」の詞書と『南紀徳川史』の記述を比較し、その遷宮の日を元和七年十一月二十四日であるべきだろうとした。このことによって、「紀州東照宮縁起」の詞書に疑問を呈することになった。

次に、紀州東照宮の立地を、『南紀徳川史』の記述から、久能山東照宮の立地に倣ったものと指摘した。それは、頼宣が駿河をかつて領しており、家康の最晩年をともに過したことを主張する意味があったと理解した。また、「紀州東照宮縁起」の詞書の和歌浦を古来の名勝であることから宮地に選定したという記述を、『南紀徳川史』に収める頼宣の言行から補強し、ほぼ事実であろうと考えた。このように考えた時、江戸城内の紅葉山東照宮、尾張藩の名古屋東照宮、水戸藩の水戸東照宮が、親祭を強調するために城内や至近の城下に立地していることとの違和感を指摘した。

このことに関して、紀州東照宮の和歌祭の渡御行列のあり方から、和歌祭が当初から民衆を動員する要素を有していたことを指摘した。城下や藩領内外の群衆を大量に動員することによって、和歌山城下と郊外和歌浦の垣根を取り払う意図があったものと指摘した。そして、このように藩領内外の大量の民衆を動員することによって、それまで古典や和歌文学に親しむ知識人たちの占有する和歌浦から、民衆が娯楽として楽しむ和歌祭の舞台としての和歌浦という一面が新たに付加され、和歌浦の大衆化がはかられたと推定した。

注

（1）三尾功「海善寺所蔵和歌御祭礼図屏風」（『和歌山市立博物館研究紀要』二号、一九八七）による。なお、三尾氏は正保二年が徳川家康三十年忌に当るため、その盛大な祭礼を描きとどめたものと、その制作動機を推定しておられる。しかし、その祭礼は四月十七日に執行されており、宮号宣下は同年中に行われており、あまりにも性急すぎるように思われる。また、三尾氏の推定を裏付ける具体的な根拠史料も未見である。このため、その成立の下限を正保二年とすることは至当であろうが、それよりも遡る可能性はあるだろう。なお、小稿では現在の一般的呼称である「紀州東照宮縁起」を用いることにしたい。ただし、『南紀徳川史』の「社寺制」では、「紀州東照宮縁起」の成立については、「御縁起五巻々末に御祭礼之行列相加、御言葉書は青蓮院尊純法親王、絵は土佐将監光起筆」と記しており、今後検討を要すると思われる。

（2）藤本清二郎「紀州徳川家と和歌の浦」（『和歌の浦　歴史と文学』、和泉書院、一九九三）参照。

（3）小山誉城「『御三家』紀州藩設置の政治的背景」（『紀州史研究』一、国書刊行会、一九八五）参照。

（4）田中敬忠『和歌祭の話』（田中敬忠先生頌寿記念会、一九七九）の「自序」によると、「近国より日本三大祭の一と称せられ、祇園祭・葵祭と共にひろく海内に知られた著名な祭礼であった」と評される。

（5）米田頼司『和歌祭　風流の祭典の社会誌』（帯伊書店、二〇一〇）参照。

（6）拙稿「古代の行幸と和歌浦」（『有坂隆道先生古稀記念日本文化史論集』、同記念会、一九九一）、拙稿「和歌浦をめぐる行幸とその景観美」（『和歌の浦　歴史と文学』、和泉書院、一九九三）等を参照されたい。

（7）狩野古信筆「和歌浦図」（玉津島神社所蔵）は、社伝によると徳川吉宗の所望によって描かしめたものであるという。なお、同資料は『和歌浦』（和歌山市立博物館特別展図録、二〇〇五）に写真掲載されているので参照されたい。

（8）「紀州和歌浦絵図」（和歌山市立博物館所蔵）が、嘉永四年以前に出版されている。本図の出版年をそのように判断したのは、同年に架橋完成した不老橋が描かれていないことによる。しかし、同じく「紀州和歌浦絵図」（和歌山市立博物館所蔵）には、全く同じ構図で不老橋を描いている。このことから、不老橋の架橋を前後して、和歌浦の風景を描いた刷り物が、頻繁に版行されていたことがわかる。なお、両資料とも『和歌浦』（前掲注7）に写真掲載されているので参照されたい。

第三章　六義園と和歌浦

はじめに

元禄期、柳沢吉保《よしやす》は、五代将軍徳川綱吉《つなよし》の側用人として、大きな権勢を誇っていた。(1)その吉保が拓いた大名庭園こそが六義園《りくぎえん》である。江戸郊外駒込（現東京都文京区本駒込六丁目）の山里に、かつて四万坪を超える広大な敷地を擁し、(2)和歌浦の名勝を写したといわれている。彼は、なにゆえにその庭に和歌浦の名勝を写したのであろうか。

もちろん、和歌浦が日本の和歌文学史上、優れた歌枕の名勝として認識されていたことは、だれもが認めることであろう。しかし、歴代勅撰和歌集には、和歌浦以外の名勝がきわめて多様に詠われている。それにもかかわらず、吉保は自らの庭園に、他でもない和歌浦を写したのである。なにゆえ吉保は和歌浦にこだわったのであろうか。

小稿は、ます六義園の作庭の経緯を確認したい。そして、柳沢吉保と和歌浦の関係を明らかにしたい。とくに、吉保が和歌浦をどれほど理解しており、その知識は何によるものかを探りたい。その上で、吉保が和歌浦の名勝を六義園に写した歴史的な背景や動機を明らかにしたい。

1　六義園の作庭

現在、六義園は東京都の公園として、財団法人東京都公園協会が管理運営を行っている。なお、東京都公園協会の管理にいたるまでの経緯を略述すると、幕末まで柳沢家別邸として営まれたが、明治維新の際に七代当主保申《やすのぶ》から政府に上地され、明治十一年に三菱財閥総帥の岩崎弥太郎が買収した。その後、昭和十三年に東京市（現東京都）に寄贈されたとのことである。現在、大都市東京の雑踏の中にあって、庭園を逍遥すると、その地が東京都内であることを、一瞬忘れるかのごとき静寂さを保っている。

六義園新脩碑

六義園は、吉保の孫の柳沢信鴻《のぶとき》の時代まで、保存が行き届いていたようであるが、彼の代以後かなりの荒廃があったようである。そのため、その子柳沢保光の時代になって、文化六年（一八〇九）に再び整備がなされたようである。その際に六義園の作庭の経緯と再整備の意義を明らかにするため、「新脩《しんしゅう》六義園碑」が建てられている。その碑文を現地で翻刻したものを次に掲げる。

新脩六義園碑

維吾藩

先主保山公所剏園也、命曰六義、蓋撰其勝也、一以取諸国風之辞也、凡分勝八十八、而六義園及館・千里・観徳場・久護山等非数云、各碑石署其名、蓋細井知慎等所草也、国乗云、元禄壬午孟秋、営築竣功、如其園池之勝、観則荘麗弘敞、膾炙人口、当時聞其勝、而遊賞者至王公貴主、蓋若干云、以及公之老也、遂卜菟裘之地也、安永年中香山老公亦尋館焉、故勝迹旧鬜然矣、老公之捐館舎也二十余年、于今竟勝殆漸荒廃、越文化己巳秋、今公命臣山寺忠順・臣近藤賢佐・臣克孝等、大興人士、継修園池、因遺構新之、参政吉田斐迪亦黽勉能弁治其功費、故不日而八十八勝概復旧、豈不盛事乎、初園池之荒也、泉石敗壊、有勝景或没竟碑石亦亡者、而此没也、命土浦関克明署之、補立者五十三、而勝迹殆復旧也、而但如夕日岡・心泉・心橋等三勝、則竟難復也、故以它勝中碑石存者三補之缺焉、乃駒留岸・下照道・晒錦畦是也、又別有園中八勝者、按国乗太上皇嘗就勝中取十二、竟亦更親勅撰八勝、而令公卿兮詠以賜之也、而荒廃之余、有碑石僅存一二、且不可考其碑所置者也、故今署其勝名於一石、以存旧云、今茲庚午秋九月徒功成嗚呼此挙也、吾公之盛事而臣等得従事焉、豈不大幸乎、遂恭書其事碑、而銘之曰善述善継孝乎、惟孝

旧典故事、是則傚修廃起頓、君功・君教后土鬼神長護是報、
文化庚午秋九月
　　郡山　大多和克孝　敬識
　　　　　山寺　忠順
　　　　大多和克孝　立
　　　　近藤　賢佐
　　土浦　関　克明　書
　　　　濱口　鏡玄　鐫字

これによると、①六義園を作庭したのは柳沢吉保である。②和歌に詠われた名勝八八か所を選び写し、それぞれに石碑を建てた。③その完成は元禄十五年（一七〇二）七月である。④その後柳沢信鴻が住まないようになってから二〇年間で荒廃した。⑤文化六年に柳沢保光が再整備に着手した。⑥八八の名勝を示す石碑の内、三か所は復元できなかった。⑦新脩六義園碑は文化七年九月に建立された。

①〜④については、柳沢吉保が作庭した六義園に関わる内容である。そして、⑤〜⑦については、柳沢保光が再整備した際の六義園に関わる内容である。本文に文化六年再整備に着手したことが記されているのに対して、建碑が文化七年九月に行われている。このことから、

再整備に約一年余を要したことがわかる。

再整備にかかる直前の荒廃の度合いが不明なので、この一年余という期間が長いのか、それとも短いのか判断できかねる。しかし、八八か所の名勝の内、三か所が復元できなかったことを、正直に吐露していることから、その際の再整備はかなり慎重に行われたものと考えてよいだろう。

また、「蓋撰其勝也、一以取諸国風之辞也」とあり、六義園に写した名勝は、和歌に詠われた諸国の名勝であると述べている。これによるならば、その名勝が和歌浦を指しているとは明記されてはいない。しかし、吉保自らが書き綴った『楽只堂《らくしどう》年録』の元禄十五年十月二十一日条に収める「六義園の記」には、「和歌の浦のすくれたる名所をうつす」と明記している[3]。このことから、「新脩六義園碑」が建碑された際には、その名勝が和歌浦に因んだものであることが忘却されていたようであるが、吉保が作庭した時には、和歌浦が彼自身の中で強く意識されていたことは間違いないだろう。

ところで、この「新脩六義園碑」には、作庭開始時期が記されてはいない。柳沢吉保の日記である『楽只堂年録』(八木書店、二〇一一)によると、吉保が駒込に山里を拝領するのは元禄八年のことである。このことから、森守氏はその著書『六義園』において、「六義園の作庭については、いつから開始されたという記録はないが、おおかたの見方は、駒込の地拝領の年からと考えられている」とする見方が一般的なようである。

ただ、吉保の側室正親町町子が書き綴った『松蔭《まつかげ》日記』（上野洋三校注、岩波文庫、二〇〇四）巻九の「和歌の浦人」の中に、元禄十二年八月二十二日のこととして、この地を吉保が訪れた時の様子が記されている。それによると、吉保が入った建物は以前から飾り整えていたようだが、「庭なども、おさ〳〵、つくろはせ給はず」と、その庭は滅多に手入れをすることもなく、荒れるに任せていた状態だったと記している。このことから、駒込における六義園の作庭には、この時期まだ取り掛かっていなかったものと思われる。

一方、その庭を散策した吉保は、その山里の様子にかなり興味を抱いたことも記されている。さらに『松陰日記』によると、ちょうどこの頃、吉保が北村季吟から『古今集』の奥義の伝授を受けたことが次のように記されている。(4)


其頃、御所にさむらふ再唱院法印北村季吟と聞えし、うたのみちかしこく、やまとだましひふかく物して、今の世の有職なりける、めして、『古今集』のふかき事をうけさせたまふ、年頃おぼしいたれる道にて、いよ〳〵、あきらめおぼす事おほかるべし、その日は、めずらしきでうどなど、あまた給はす、

その時詠じた「かしこしな和歌の浦人いにしへも今もまことの道を伝へて」という吉保自作の和歌を記している。この歌意からすれば、吉保は和歌の本道を伝えているのは、古今を

問わず、和歌の浦人であると述べているのである。

これらのことから、駒込の山里の野趣と和歌浦が、元禄十二年八月に一致したのではないかと思われる。すなわち、これらのことから推測するならば、和歌浦の名勝を駒込の山里に写すという発想は、元禄十二年八月頃に芽生えたものと思われる。それゆえ、その作庭起工は元禄十二年八月の直後の秋ないしは冬のことであったとすべきであろう。これによって、六義園の作庭は、元禄十二年後半から元禄十五年七月までの約三年間を要したということがいえるだろう。

ところで、「新脩六義園碑」にはその完成が、「元禄壬午孟秋、営築竣功」とあり、元禄十五年七月のことであると明記されている。しかし、『松蔭日記』巻十四の「玉かしわ」には、「ことしの秋になりて、残りなくいとなみはてぬ、はづき中の三日、おはしまして御らんず」と記されている。

藩の公式記録である「国乗」に、元禄十五年年七月と明記されていることから、その完成が七月であることは動かしがたいであろう。それでは、「はづき中の三日」とは、何を意味しているのであろうか。「おはしまして御らんず」とあることから、七月中に完成した六義園に、「はづき中の三日」すなわち八月十三日になって、ようやく吉保が親しく足を運んで見分したということであろう。

完成が七月のいつ頃かはわからない。しかし、三年を要した作庭工事の完成を見てから、約半月間ほども、吉保は足を運ばなかったことになるだろう。それは、六義園に対する吉保の執心の度合いによるものなのか、側用人としての多忙な日常がなさしめたものなのか、判断に迷う問題である。

2　柳沢吉保と和歌浦

柳沢吉保は、三年の時間を要して和歌浦の名勝を駒込の山里に写したのである。それでは、吉保にとっての和歌浦とはどのようなものだったのであろうか。前掲の「六義園の記」によると、「六義園八十八境」の題詞のもとに、六義園内の施設名勝を九三項目にわたって列記し、それらが何に因んだものであるか、ないしはその名勝のいわれを、吉保自身が記している。なお、「六義園八十八境」と題詞しながら、九三項目にわたっているが、その中には、六義園・六義館・観徳場・千里場・久護山の五項目が含まれているからである。吉保自身が「六義園の記」の文末に、「此五ツ非数之間ニ」と記していることから、これらを除くと題詞のとおり八八になる。このことは、前掲の「六義園新脩碑」に、「凡分勝八十八、而六義園及館・千里・観徳場・久護山等非数云」とあることにも一致している。

六義園に写すべき名勝を八八としたことについては、吉保が「六義園の記」の末尾に次のように記している。

八の数を十一合せたり、八は八雲に叶へり、惣して吾朝にて八は数のおほき事に用ゆ、十は数の極、一は数の始なり、八十八は八雲の道その至極に至り、終りてはまた始り、春夏秋冬の廻りてやまさる如く、窮もなくやむ事もなく、天地とともに長久なるこゝろなるへし、

これによると、和歌は春夏秋冬を通じて詠まれ、際限なく永遠に詠み継がれていくものだというのである。そして、その永遠を表す数字が八八だというのである。このことから、まず名勝の数は八八であるべきであるという前提の下に、その数に合うだけの名勝をそろえたものと思われる。また、第一境の遊芸門は、六義園の入口に当る門であるが、それについては次のように記している。

論語にいわく、みちに志す、徳により、仁により、芸に遊ぶ、といへり、朱氏の説にも、道は当然の理、芸は道の所寓といへれは、道と芸と二つなし、此園に遊ぶ人は皆道の遊にして、治れる世を楽しむ音を三十一字につらぬるなへし、

これは、どこの名勝を写したかというものではなく、和歌を詠むものの心がけを論じたもので、彼の和歌に対する総論というべき説明であろう。このような、和歌の総論に関わるような名勝が八境見られる。そして、第十七境の常盤については、「常のいはほとよむ」との

みあって、名勝の読み方を説明するだけで、どこの名勝を写したかがまったくわからない。このような名勝の語句説明のみのものが一〇境見られる。また、第四十九境の下折峰では、次のような説明がなされている。

　吟歌亭へ行道のかたわらにあれは、
　新古今西行　吉野山去年のしをりの道かへてまた見ぬかたの花をたすねん

これは、明らかに吉野の名勝を写しているものと思われる。このような吉野の名勝を写したと思われるものが、六境見られる。さらに、第四十二境の紀川上では、次のように記されている。

　紀の川つらより見渡して水出る源なれば、朝もよひきの川上を見渡せばかねのみたけに
　雪ふりにけりと読めるたよりもあらん

これは、紀ノ川の川上から吉野山（かねのみたけ）を望んだ情景であり、和歌浦以外の紀伊国の名勝を写したものという説明になるだろう。これら、和歌浦以外の紀伊国の名勝を写したと思われるものが、一四境見られる。なお、妹背山にちなんだ名勝が見られるが、第二十四境の紀川の説明は、「紀の川つらのいもと背の山　妹背山の北を流る、よしなり」とあることから、和歌浦の多宝塔を擁する妹背山ではなく、大化改新詔で畿内の南限とされた「兄山」に因むものであり、『万葉集』に詠われ、本居宣長が『玉勝間』（岩波文庫、上、一九三四）

六義園現景

において、現在のかつらぎ町に比定した紀ノ川上流の妹背山であろうと思われる。

すなわち、総論八境・名勝語句説明のみ一〇境・吉野山六境・和歌浦以外の紀伊国一四境を除く、五〇境が和歌浦とその周辺の名勝を写したものであるということになる。「六義園の記」で「和歌の浦のすくれたる名所をうつす」といいながら、和歌浦以外の紀伊国の名勝や吉野の名勝を写しているのである。これは、吉保が六義園に写すべき名勝を、まず八八に設定したため、和歌浦以外からも名勝を写さなくてはならなかったことを表わしているものと思われる。

当初、六義園を作庭した吉保は、そこに和歌浦の名勝を写すつもりであったし、完成した段階で、彼はそれを成し遂げたつもりでいたのだろう。しかし、それを再整備した保光が、八八の名勝を再整備するに際して詳細に検証すると、和歌浦以外の紀伊国の名勝や吉野の名勝が含まれていることに気付いたのである。それゆえに、「新脩六義園碑」には「蓋撰其勝也、一以取諸国風之辞也」と表現せざるを得なかったのであろう。

言い換えれば、「和歌の浦のすくれたる名所をうつす」といいながら、写すべき和歌浦の名勝が、曽孫の保光がみても合点がいきかねたのである。すなわち、吉保には和歌浦に関する名勝を、五〇しか思いつかなかったということになるだろう。このことは、吉保の和歌浦に対する知識に限界があったことを意味しているものと思われる。さらにこのことは、吉保がどのようにして和歌浦を知り、そして研究したかということに関係しているものと思われる。

『寛政重修諸家譜』（続群書類従完成会、一九六四）の「清和源氏義光流柳沢家」によると、吉保は元禄三年三月二十六日に、「和泉国・大鳥、上総国山辺・市原・望陀・天羽のうちにして二万石の地を加へらる」とある。すなわち、この時紀伊国和歌浦とは指呼の距離にある和泉国大鳥に所領を有していたのである。このことから、吉保自身が和歌浦を親しく目にした可能性も考えられる。しかし、どうやら彼は和歌浦はおろか紀伊国へさえも、一度も足を運んではいなかったように思われる。

先に掲げた第二十四境の紀川上の説明を見たが、「妹背山の北を流るゝ、よしなり」と記している。すなわち、吉保は妹背山の位置を伝聞形式で記しているのである。このことは、彼自身が紀伊国に足を運んで、実際に妹背山を見たのではないことを意味している。妹背山を実見していなくても、自ら作庭する六義園の主題である和歌浦には、少なくとも足を運んでいたのではないかと思いたい。

しかし、第七十四境の藤代峠の説明では、「紀国にあり、四方を見おろす景地にて、無双の景とかや、歌には藤代の三坂と読り」としており、やはり伝聞形式で記している。これらのことから、吉保は和歌浦をはじめとする六義園に写した名勝を、実際には見ていなかったと判断してよいだろう。

ちょうど、彼が和泉国大鳥を拝領していたころの彼の評伝が、『土芥寇讎記《どかいこうしゅうき》』巻四十二に収められている(5)。それによると、「在国之士ナシ、大概江戸詰タル」と記している。すなわち、家臣さえをも和泉国には派遣していなかったのである。ましてや綱吉の側用人として、多忙な日常を過ごしていた吉保自身が、和泉国大鳥に足を運ぶことはなかっただろう。したがって、和歌浦や紀伊国を訪れることもなかったものと思われる。

ただ、「歌には藤代の三坂と読り」とあるように、吉保は古い和歌には藤代峠が詠まれていることを知っていたのである。「六義園の記」を見ると、『古今和歌集』『新古今和歌集』『千載和歌集』など、非常に多くの勅撰和歌集やその他の和歌集、そして杜甫や李白の著作までもが引用されている。吉保の和歌浦に関する知識は、これらの古典の中から得たものであり、机上の研究によって得られたものだったのである。したがって、六義園に写された名勝は、古典の中から引用したものに限られたのである。それゆえ、「和歌の浦のすくれたる名所をうつす」と大見栄を切りながらも、写した和歌浦の名勝が五〇に過ぎなかったのである。

しかし、たとえ五〇に過ぎないとはいえ、八八境のうち和歌浦の名勝が過半を占めているのである。その意味で、古典を通じて和歌を研究した吉保の知識の中に占める和歌浦の比率は、極めて高いものだったということができるだろう。その意味で、『万葉集』以来多く詠まれてきた三笠山や香具山よりも、吉保にとっての和歌浦は特別なものであったということができるだろう。それでは、吉保の机上の研究成果として得られた和歌浦を六義園に写すことには、どのような目論見があったのだろうか。

3　六義園と柳沢吉保

柳沢吉保が、六義園の作庭を発意したのは、元禄十二年八月に駒込の山里を訪れたことと、ちょうどそのころ、北村季吟から『古今集』の奥義を伝授されたことによるものであったことを述べた。しかし、三年にも及ぶ作庭工事に際して、吉保はまったくないしはそれほど駒込の山里を訪れたことがなかったようである。『松蔭日記』巻十四の「玉かしわ」には、次のように記されている。

御みづからは、御いとまなくておわせず、家人、日々かよひて、さるかたの、つくり出べきさま、絵に書て奉りつるを、あけくれ御らんじいれて、とかくをきてさせ給へどに、さいへど、おぼつかなからず、

これによると、吉保は工事を現場で指示することなく、家来に進捗状況を絵に書かせて報告させ、その都度指示していたというのである。吉保にとって、和歌浦が机上の古典から得た知識によるものであったと同様に、六義園の作庭工事そのものも、机上の書類の上でのことだったのである。このことを含め、六義園の完成を見ながらも、半月ほどもその確認に足を運ばなかったことから、『松蔭日記』は、「御いとまなくておわせず」とはいうものの、それほどの執心の強さを感じられないように思われる。

ところで、六義園作庭の一つの要因を提供した北村季吟は、元禄二年に幕府歌学方に採用されているが、それまでは京都新玉津島神社の社司を勤めていた(6)。新玉津島神社は、その社伝によると、藤原俊成が、京都の自分の邸宅内に和歌浦玉津島神社を勧請したものであるとされている（『京都市の地名』（平凡社、日本歴史地名大系第二七巻、一九七九）。ただし、そのことを明らかにする史料は未見である。ともあれ、季吟はそのような伝承を有する新玉津島神社に、

天和二年から社司を勤めていたのである。それほどに、和歌浦の玉津島に造詣の深い季吟から、吉保は和歌を学んでいたのである。しかし、季吟は柳沢吉保の単なる和歌の師匠ではなかった。

『徳川実記』巻二十（吉川弘文館、一九八二）の元禄二年十二月二十一日条によると、季吟はこの日二百俵で歌学方として幕府に採用されている。その際、「当代道々の才をすてさせ給はず、側陋《そくろう》を挙用ひ給へば、かく召出され、これより常に昵近《じっきん》し、歌書を進講し、御垂問《ごすいもん》をかうぶり」と見える。すなわち、季吟は吉保の私的な和歌の指導者ではなく、将軍綱吉に和歌を伝授する立場にあったのである。

季吟は、このとき二百俵で採用されているが、石高に換算すると八〇石である。『徳川実記』の常憲院御実記附録下によると、綱吉は才能のある人物を好んで採用したことが述べられており、季吟もその一人であることが記されている。しかし、大学頭を勤める林家の歴代が、おおむね千石をはるかに越える石高を給せられていることから、季吟の八〇石は微禄と評することができるだろう。

しかし、その後の季吟の動向を、『徳川実記』から見ると、元禄七年三月十日に三百俵の加増がなされている。これによって、石高換算で都合二百石となっている。さらに、元禄十二年十二月十八日に、法印に叙せられ、再唱院を称するようになる。次いで、元禄十四年十二月十二日には二百石の加増がなされている。これで都合四百石になったことになる。同じく『徳川実記』によると、彼が没した後の宝永二年（一七〇五）八月三十日条によると、「季吟は八百石の内、二男源之丞正立が養子並蔵季佳に三百石を分つ」とあり、彼の最終的な石高八百石の処分が記されていることから、元禄二年にわずか八〇石（二百俵）で採用された季吟のその後は、異数の出世を果たしたことになるだろう。

そして、このような彼の扱われ方を見るならば、「歌書を進講し、御垂問をかうぶり」という彼の活動は、十分に綱吉から認められていたと判断できるだろう。このことから、新玉津島神社の社司を勤めた経験のある季吟から、綱吉は和歌浦や玉津島に関する知識を大量に学んだものと思われる。綱吉に和歌浦の情報を与えたその季吟が、元禄十二年に柳沢吉保に招かれて、『古今集』の奥義を伝授しているのである。

柳沢吉保は、季吟から綱吉同様に様々な古典に記された和歌浦を学んだことであろう(7)。しかし、それ以上に彼は季吟から、そのような和歌浦の情報を、自らが仕える将軍綱吉が得ていることを知ることになるのである。

綱吉は、それまでの将軍とは異なり、文人将軍として有名であった。幕臣や大名を集めて、江戸城内で論語の講釈を自ら行うこともしばしばであった。その文人将軍綱吉が、元禄期に北村季吟から、和歌浦や玉津島の情報を得て、興味を示していることを知った吉保は、その文人将軍の趣味に迎合するためにも、保吉自身も和歌浦・玉津島に浅からぬ興味を有していることを、将軍綱吉にアピールする必要を感じたであろう。このようなことは、側用人として寵愛を受けてきた彼が最初に思いつくことであろう。そして、そのことの実践が、駒込の山里に綱吉が季吟から仕入れた和歌浦の名勝を写して、六義園を作庭することであったのだろう。

ただ、吉保の和歌浦に関する知識は、古典から学んだ比較的浅薄なものであったと思われる。しかし、それを評価する綱吉も、将軍の身であり、和歌浦を実見したこともなく、専ら季吟の指導によって古典から学んだものに過ぎなかったのである。六義園の作庭が、綱吉に評価されることを最終目的としたのであれば、吉保の知識がそれほどのものであったとしても、十分に彼の目的は果たされたものと思われる。

おわりに

小稿は、柳沢吉保が江戸郊外に営んだ六義園が、紀州の名勝和歌浦を写したことの歴史的な背景を論じてきた。まず、六義園の作庭の契機を、元禄十二年八月に吉保がそれ以前に拝領していた駒込の山里を自ら訪れたことと、和歌浦に精通した北村季吟から『古今集』の奥義を伝授されたことに求めた。その結果、六義園の作庭期間は約三年であろうと提起した。

次に、吉保自身が著した「六義園の記」に列記された名勝を分析した。六義園に写された名勝は、総じて八八か所であるが、そのうち、和歌浦にちなむものが過半の五〇であることを明らかにした。すなわち、和歌浦以外の紀伊国の名勝や吉野の名勝が含まれていることを指摘した。しかも、吉保自身は和歌浦を訪れたこともなく、彼の和歌浦に対する知識は、すべて古典から得られたものであろうとした。

さらに、幕府における歌学方北村季吟の扱われ方を分析し、五代将軍徳川綱吉が、季吟から和歌の伝授を受けていたことを指摘した。それとともに、綱吉が新玉津島神社の社司を勤めた季吟から和歌浦の知識を得ていたと推定した。しかも、和歌の面で将軍綱吉に強い影響を与え続けていた季吟を招き、吉保自身が綱吉と同じ教養をもとうと努めたであろうと推定した。さらに、その実践が、駒込の山里に六義園を拓き、和歌浦の名勝を写すことであったと考えた。

六義園を作庭した吉保の和歌浦に対する関心は、極めて強いものであった。しかし、彼自身は和歌浦を一度も訪れていないし、和歌浦に関する知識は、季吟の指導によるもっぱら古典から吸収したものであった。そして、それほどまでに彼が和歌浦に強い関心を抱いた背景には、当代第一の文人である将軍綱吉の趣味に迎合することであったものと思われる。

しかし、当代和歌の巨匠である北村季吟が、幕府歌学方に取り立てられたこと、そして彼が和歌浦にちなんだ京都新玉津島神社社司であったことは歴然たる事実である。そして、その季吟を取り立てた綱吉も、季吟を通じて和歌浦への興味を高めたものと思われる。季吟や綱吉が、それほどまでに和歌浦に興味を示したからこそ、吉保も和歌浦に興味があることを訴えるために六義園を作庭したのである。

吉保にとっての和歌浦は、主である綱吉に迎合するものであったかもしれない。したがって、綱吉にとって和歌浦が興味あるものでなかったとしたら、吉保は六義園の作庭には至らなかったかもしれない。しかし、側用人として権謀術数にたけた吉保は、駒込の山里に六義園を作庭したのである。このことは、綱吉の和歌浦にあこがれの強かったことを如実に表しているといえるだろう。

注

（1）元禄期の将軍徳川綱吉と側用人柳沢吉保の動向及び関係については、桑田忠親『徳川綱吉と元禄時代』（秋田書店、一九七五）に詳しい。

（2）柳沢吉保の日記である『楽只堂年録』（八木書店、『楽只堂年録』第一、二〇一一）元禄八年四月二十一日条によると、「城北駒込村にて、松平加賀守綱紀が上屋敷を拝領す、坪数四万八千九百弐拾壱坪なり」と見える。なお、現在六義園を管理している東京都公園協会のホームページによると、平成二十二年年五月三十一日付の開園面積は、八七八〇九・四一㎡で、坪換算すると約二六六〇〇坪となり、現在の規模は往時の五八％となる。

（3）「六義園の記」を収める『楽只堂年録』元禄十五年十月二十一日条は、現在活字化が果たされていないため以下小稿では、森守『六義園』（財団法人東京都公園協会、東京公園文庫一九、一九八一）に引用された史料に基づくものとする。

（4）上野洋三校注『松陰日記』及び、増淵勝訳『柳沢吉保側室の日記　松陰日記』（国研出版、一九九九）も、吉保が季吟から『古今集』の奥義を伝授された日付を、元禄十二年八月二十七日のことであるとする。その典拠は不明であるが、日記本文には「其頃」とあることから、吉保の駒込山里訪問と、『古今集』の講義伝授の時期は近いものであったと判断してよいだろう。

（5）『土芥寇讎記』は、金井圓『土芥寇讎記』（新人物往来社、一九八五）による。なお、同書に収める金井「『土芥寇讎記』について」によると、その内容は「元禄三年現在の全国諸大名の、紳士録であり、評判記であり、また功課簿でもある」と評される。

（6）北村季吟の生涯に関する概略は、島内景二『北村季吟』（ミネルヴァ書房、二〇〇四）を参照されたい。

（7）島内景二『柳沢吉保と江戸の夢』（笠間書院、二〇〇九）は、北村季吟の「新玉津島後記」に元禄二年に新玉津島神社に、自ら和歌浦の名勝を写そうと試みたことを示す記述のあることから、彼が六義園に和歌浦の名勝を写すことを吉保に勧めたのではないかと推定される。断定はできないかもしれないが、傾聴すべき指摘であろう。

おわりに

　大阪で生まれ育った私は、大学院に在籍しながら、昭和五十三年（一九七八）四月から和歌山市史編さん室で嘱託として働くようになった。昭和五十九年には、和歌山市立博物館の学芸員として勤務するようになり、翌年春に和歌山市に居を移した。和歌山で働き出した頃の私は、和歌浦といえば、数次の行幸のあった名勝地であることはもちろん知っていた。しかし、恥ずかしながら、和歌山に来た当初の私は明治以降に観光地として開発されて、当時観光旅館が林立していた新和歌浦を、古代以来の名勝和歌浦だと誤認していたのである。

　屏風を建て廻らせたような断崖の景観に、私はきっと興を感じていたのだろう。和歌山市で働くようになって、すぐさまそれが誤認であることを悟った。そして、古代以来の和歌浦は玉津島神社を中心とする地域であることをすぐさま了解した。しかし、それと同時に、当時の私が興を感じた断崖絶壁の景観と、古代以来の干潟や砂嘴という水平感覚の景観のあまりにも異なることに大いなる疑問を感じたのである。

　古代の天皇たちは、都の政情不安を犠牲にしてまでも、和歌浦に行幸したのである。天皇の畿外行幸の稀有な古代にあって、和歌浦行幸はひときわ特異な例である。そして、天皇や従駕した貴族たちは、新和歌浦にみられるような断崖絶壁の垂直感覚の景観美ではなく、長く左右に伸びた砂嘴やそれに平行する水平線や山並みという、重層的な水平感覚の美意識を和歌浦の景観の中に求めていたのである。そこには、古代人の美意識と現代人の美意識との大きな隔たりを感じずにはいられないだろう。さらに、平安時代以後和歌浦と対を成して史料に見られる吹上は、景観としても、位置としても、和歌浦とは異なる別個の名勝であったのである。このような問題を、Ⅰ「古代史の中の和歌浦」で扱った。

中世は騒乱の時代だと評される。しかし、寺社参詣の途次に和歌浦を訪れる貴族も多かった。それは、名勝和歌浦に遊ぶことが、寺社参詣の緊張を解き放つ解斎を意味しているのだろうと考えた。そしてついに、都の人々は和歌浦玉津島神社を洛中に勧請した。その背景には、南北朝の騒乱、特に観応の擾乱後において、二代将軍義詮が室町幕府の武家たちと禁中の公家たちとの融合を模索する手立てであったのである。さらに、和歌の名家飛鳥井家の当主は、多年の宿願を果さんがために、和歌浦玉津島神社に参詣している。この背景にも、室町幕府六代将軍足利義教が惨殺された嘉吉の乱の影響が色濃く認められるのである。そして、そのような騒乱の時代にあっても、和歌浦は多くの人々を引き付けたのである。このような問題を、Ⅱ「中世史の中の和歌浦」で扱った。

近世は比較的平和な時代であるといわれている。豊臣秀吉による天下統一、そして江戸幕府による戦乱のない平和な時代が続いた。紀州に攻め込んだ秀吉は、戦乱のさなかに和歌浦を遊覧した。彼が和歌浦に遊覧することそのものが、秀吉が留守にしているさなかの政情不安な京都の公家たちに、自らの余裕を示す最大にして最良の手立てであったのである。紀州徳川家は紀州東照宮を和歌浦に配した。そして、毎年この地で繰り広げられる紀州東照宮例大祭の和歌祭は、領国内外の民衆に娯楽を提供したのである。このことによって、和歌浦は物見高い近世民衆に、娯楽を提供する舞台とも見做されるようになったのである。さらに、時の権勢を誇った柳沢吉保は、江戸郊外駒込の山里に和歌浦の景観を写した大名庭園を築き上げた。これも側用人柳沢吉保が、当代一流の文人将軍である徳川綱吉の文人趣味に迎合しようとするものであった。やはり近世においても、和歌浦は多くの人々を引き付けたのである。このような問題を、Ⅲ「近世史の中の和歌浦」で扱った。

これらのうち、Ⅰの第一章「古代の行幸と和歌浦」は、恩師有坂隆道先生古稀記念論文集『日本文化史論集』（同記念会、一九九二）に発表したものであり、同第二章「古代の和歌浦行幸とその景観美」は、恩師薗田香融先生監修の『和歌の浦　歴史と文学』（和泉書院、一九九四）に発表したもの（原題「和歌浦をめぐる行幸とその景観美」）を、今回本書に収めるにあたり、大幅に改稿したものである。また、Ⅱの第三章「飛鳥井雅永と和歌浦」は、「紀俊行氏所蔵飛鳥井雅永和歌懐紙」（和歌山市立博物館『研究紀要』1、一九八六）を全面的に改稿したものである。

さらに、Ⅲの第三章「六義園と和歌浦」は、二〇一一年九月十三日に、六義園・東洋文庫共催講座の寺子屋六義園において、同名の講演を行った際の記録を纏めたものである。同第一章「天下人秀吉と和歌浦」は、二〇一三年十一月十日に、玉津嶋保存会主催の第四回名勝和歌の浦講座（於和歌浦玉津嶋神社）で同名の講演を行った際の記録を纏めたものである。その他については、本書を纏めるに際して新たに執筆したものである。

和歌浦は、「万葉以来の名勝」だと評される。その和歌浦を愛することが、歴史に名を残す知識人の象徴であり、証しであるとさえ見られた。飛鳥井雅永や豊臣秀吉が和歌浦に遊覧したことは、そのことを示しているといえるだろう。また、紀州藩初代藩主徳川頼宣が、紀州東照宮を和歌浦に配したことや、柳沢吉保が駒込の山里に和歌浦を写したことも、やはりそのことを示しているといえるだろう。そしてそのことは、本書で扱った古代から近世までの、どの時代においても普遍的に一貫していることがわかる。

しかし、中世になって寺社参詣が盛んになると、古代以来の名勝和歌浦は、緊張を擁する寺社参詣の最後の解斎の場としての一面を具備するようになる。また、紀州東照宮が鎮座するようになると、官民挙げての盛大な和歌祭が催され、藩領内外の民衆を動員し、和歌浦は娯楽の場としての一面を備えるようになる。これらは、それぞれの時代が和歌浦に付加した大きな変化ということができるだろう。

本書で論じた問題は以上がすべてである。『日本史の中の和歌浦』と大見栄を切りながら、たったのこれだけである。これでは、日本史の中の和歌浦を語りつくせてはいないと思われるかもしれない。古代以来の勅撰和歌集に詠まれた多くの和歌を、どのように評価するのか。中世の騒乱の中で、和歌浦を訪れた連歌師心敬《しんけい》の行動を、どのように理解すべきか。寛政六年（一七九四）に伊勢松阪から御前講釈のために和歌山に召し出された本居宣長は、多忙な合間をぬって真っ先に和歌浦の玉津島神社に参詣しているが、その背景には何があったのだろうか。

さらに、明治以後も多くの文人墨客が和歌浦に遊び、夏目漱石はその小説『行人』の一場面として、和歌浦を主人公に訪れさせている。昭和五年（一九三〇）、和歌山県の田辺で南方熊楠の御進講を受けられた昭和天皇は、その後御召艦長門に座乗して、和歌浦沖に停泊された。上陸はされなかったが、海上から和歌浦を眺められたのである。近代史においても、和歌浦は人々の耳目を集めていたのである。そこにはどのような事情があったのであろうか。

これらの問題は、本書ではまったく語ることが出来なかった。それは、著者である私の非才・非力によるものであることは間違いない。しかし、それ以上に和歌浦が人々を引き付けた魅力の大きさによるところが大であると思われる。これからも、全国から多くの人々が和歌山の街を訪れることだろう。そして、多くの人々が和歌浦とかかわりを持ち、新たな和歌浦の歴史を創造することだろう。

「はじめに」で記したように、本書は日本史の中の和歌浦を語り始める「最初の一里塚」に過ぎない。このことは、誰よりも著者である私が痛切に感じている。今後、私の拙い論考を多くの人々が批判し、この一里塚を通り過ぎて、さらに多くの人々が和歌浦を見つめ直す遥かな旅に出発するであろうことを祈念したい。

なお、末尾ながら、和歌山で仕事をし、和歌浦に興味を有する私は、長年私なりに和歌浦を見つめ続けてきた。その結果、このような拙文を世に出すことになってしまった。そのことを全面的にご理解下さった塙書房の白石タイ社長に、心からお礼を申し上げたい。また、本書には、貴重な写真を掲載することができ、本書の拙い文章以上に、それらの写真が本書の価値を高からしめてくれるものと確信している。これらの写真を惜しみなく提供くださった所蔵者各位に心から感謝の念を捧げたい。なお、私は縁あって、二〇一五年四月から、和歌山県の有田市郷土資料館に学芸員として勤務している。本書の校正に際しては、同僚学芸員の吉田朋史氏の御助力があったことを末尾に記して感謝の念を捧げたい。

寺西貞弘（てらにし・さだひろ）

一九五三年、大阪府摂津市に生まれる。関西大学文学部史学科卒業（日本古代史専攻）。関西大学大学院博士課程後期課程修了、文学博士。元・和歌山市立博物館館長、有田市郷土資料館学芸員。

［著書］

『古代天皇制史論』（創元社、一九八八年）、『古代熊野の史的研究』（塙書房、二〇〇四年）、『紀氏の研究』（雄山閣、二〇一三年）、『近世紀州文化史雑考』（雄山閣、二〇一四年）

［塙選書121］

日本史《にほんし》の中《なか》の和歌浦《わかのうら》

二〇一五年一一月二〇日　初版第一刷

著者——寺西貞弘

発行者——白石タイ

発行所——株式会社塙書房

〒113-0033　東京都文京区本郷6-8-16

電話=03-3812-5821　振替=00100-6-8782

印刷・製本所——亜細亜印刷・弘伸製本

装丁者——古川文夫（本郷書房）

落丁・乱丁本はお取り替えいたします。定価はカヴァーに表示してあります。

ISBN978-4-8273-3121-9 C1321